RE
THINK

MODE

DIYS & LIFEHACKS FÜR EIN NACHHALTIGES LEBEN

FRANZISKA FULVIO
BRITTA JOHN

INHALT

VORWORT

In der Mittagspause mal schnell durch die Innenstadt und schon konnte man der Versuchung nicht widerstehen – das schicke Shirt in Trendfarben musste unbedingt mit. Immerhin hat es weniger gekostet als der Café Latte im Lieblingscafé. Wochen später sind durch häufiges Waschen die Farben verblasst, das Teil ist ausgeleiert und landet im Müll. Mode ist zum Wegwerfartikel geworden.
Fast Fashion ist die Schattenseite der Textilindustrie, die auf globaler Ebene enorme Umweltbelastungen und soziale Missstände verursacht. Die Folgen der Überproduktion erfordern ein Umdenken hin zu einem nachhaltigen und fairen Modekonsum. Von uns allen. Denn die meisten von uns haben eindeutig zu viele Klamotten im Schrank.
„Rethink Mode" zeigt dir, wie du in Zukunft bewusster shoppen und Fehlkäufe vermeiden kannst und wie du qualitativ hochwertige Mode pflegst, damit sie lange wie neu bleibt – und wir verraten dir viele Tipps und Tricks rund um den Inhalt deines Kleiderschranks. Ebenso erfährst du, wie du deine Kleidungsstücke ausbessern oder upcyceln kannst – auch ohne ein Nähprofi zu sein!

Wir wünschen dir viel Spaß mit „Rethink Mode"!

Franziska Fulvio und Britta John

RETHINK FASHION

FAST FASHION: DIE SCHATTENSEITE DER TEXTILINDUSTRIE

Der Einsturz der Textilfabrik Rana Plaza in Bangladesch im April 2013 war wie ein Weckruf: Plötzlich war der Begriff „Fast Fashion" allgegenwärtig und rückte die katastrophalen Zustände in der Bekleidungsindustrie ins globale Bewusstsein.

Das Geschäftsmodell entstand bereits in den 1990er Jahren und hat seitdem enorm expandiert: Der Europäi-

schen Kommission zufolge hat sich die weltweite Textilproduktion zwischen 2000 und 2015 fast verdoppelt.

Trends schnell aufgreifen und ebenso rasant wie preiswert umsetzen bedeutet, möglichst viele Kollektionen in sehr geringer Zeit und in großen Stückzahlen, aber zu niedrigen Verkaufspreisen, in die Stores zu bringen. Inzwischen gibt es – dank neuer Branchenriesen im Online-Handel – auch die sogenannte Ultra-Fast-Fashion mit noch höheren und schnelleren Produktionszyklen. Oft dauert es nur wenige Wochen vom Design bis zum Verkauf.

Fast Fashion zielt, wie sollte es auch anders sein, auf Konsum ab. Stylische Looks für wenig Geld, da können sich nicht nur Fashionistas häufiger etwas Neues leisten. Mode wird für jeden erschwinglich. Ein Gewinn für die Modefirmen.

Im Fokus steht dabei natürlich die von Social-Media-Kanälen angefeuerte Zielgruppe junger Menschen und Teenager. Unzählige Influencer:innen und Promis liefern Content zum Thema Mode und promoten Kollaborationen mit entsprechenden Brands. Das steigert die Begehrlichkeit – der Kauf wird an die Emotion geknüpft, sich im gleichen Outfit zeigen zu können wie die Stars der entsprechenden Kanäle. Das bringt dann mehr Likes auf dem eigenen Channel. Nicht zuletzt verführen die Videos von Shopping Hauls zum Nachahmen und vermitteln, dass umfangreiche „Beute“ bei der Einkaufstour erstrebenswert ist.

Fast Fashion wird nicht nur in rasantem Tempo in riesigen Mengen produziert, der Mode mangelt es meist auch an Qualität in der Verarbeitung, zudem werden häufig minderwertige Materialien verwendet – das schränkt die Lebenserwartung auch des schönsten It-Pieces von vornherein ein. Auf diese Weise werden weltweit pro Jahr rund 92 Millionen Tonnen Alttextilien entsorgt. Mode ist zum Wegwerfartikel geworden.

In den Stores werden die Fashion Pieces billig verkauft – doch auch die Produktion läuft unter dem Motto „billig". In den vor allem asiatischen Produktionsländern wie China, Pakistan oder Bangladesch schuften Menschen unter zum Teil menschenunwürdigen Arbeitsbedingungen in sogenannten Sweatshops, um die Massenware zu produzieren. Zudem ist Kinderarbeit in vielen Ländern ein Thema. Gearbeitet wird für Löhne, die nicht einmal das Existenzminimum sichern. Oft ohne einen freien Tag in der Woche und mit täglichen Arbeitszeiten, die als unmenschlich gelten. Wie der Einsturz der Textilfabrik Rana Plaza zeigte, mangelte es auch an Arbeits- und Gesundheitsschutz sowie Sicherheitsstandards in den Produktionsgebäuden. Zwar wurden diesbezüglich etliche Verbesserungen und Sicherheitsmaßnahmen umgesetzt und internationale Abkommen für Gesundheit und Sicherheit unterzeichnet, die Arbeitsbedingungen und Löhne in den Produktionsländern sind jedoch weiterhin ein prekäres Thema.

Die Ausbeutung beschränkt sich jedoch nicht nur auf Niedriglohnländer. Vor allem Ultra-Fast-Fashion setzt auf Nearshoring – die Kleidung wird also in der Nähe der Absatzmärkte produziert. Das spart Zeit und Geld. Im Jahr 2020 sorgte der Skandal um die Nähereien in Leicester, Großbritannien, für Aufsehen: Durch die sprunghaft angestiegenen Coronainfektionen rückte die dortige Textilproduktion in den Fokus. Zwar waren die miserablen Arbeitsbedingungen und die Zustände in den Fabriken dort längst bekannt, jedoch erst während der Pandemie kamen weitere Details ans Licht. Ähnlich wie in asiatischen Produktionsstätten arbeiten dort Menschen, zum Teil sogar in illegalen Beschäftigungsverhältnissen, für weniger als die Hälfte des dort üblichen Mindestlohns.

Nicht nur soziale Ausbeutung geht mit Fast Fashion einher. Der übermäßige Konsum geht ebenso zu Lasten der Umwelt. Die Textilindustrie insgesamt ist für bis zu zehn Prozent der globalen Treibhausgasemissionen verantwortlich und eine der Hauptursachen der weltweiten Wasserverschmutzung, denn beim konventionellen Anbau werden auf den Baumwollfeldern Pestizide und Insektizide und bei der Textilherstellung große Mengen Chemikalien eingesetzt.

Die ständig wachsende Produktion von Textilien trägt ebenso zur Verknappung der Trinkwasserressourcen bei, denn allein der Anbau von Baumwolle, wie auch die Textilveredelung, ist wasserintensiv – jedes T-Shirt aus Baumwolle verbraucht bei der Herstellung etwa 3 000 Liter Wasser, eine Jeans rund 7 000 Liter.

Der deutsche **MODEKONSUMENT** kauft im Schnitt **60 KLEIDUNGSSTÜCKE PRO JAHR** – getragen werden diese nur noch halb so lang wie vor 15 Jahren, heißt es im 2022 veröffentlichten **GREENPEACE-REPORT** „Nachhaltigkeit ist tragbar". Allein Deutschland hat im Jahr 2022 rund **462 500 TONNEN ALTKLEIDER** und andere gebrauchte Textilwaren exportiert. Das waren immerhin 10,7 % **WENIGER** als im Jahr zuvor, so die Zahlen des Statistischen Bundesamtes (Destatis). Umgerechnet auf die Zahl der Bevölkerung entspräche das einer exportierten Menge gebrauchter Textilien von **5,5 KILOGRAMM PRO KOPF** im Jahr 2022.

Zudem haben Jeans oder Sweatshirt oft eine lange Reise als Luftfracht aus den Produktionsländern hinter sich, bevor sie in den Stores landen. Dazu kommt die Problematik der synthetischen Fasern: In der Waschmaschine werden durch den mechanischen Abrieb an der Textiloberfläche und die Spülvorgänge große Mengen winziger Partikel aus den Textilfasern herausgelöst. Dieses Mikroplastik, darunter Polyester, Polyethylen und Elastan, landet im Abwasser und schließlich in den Meeren.

Wo die aussortierten Textilien entsorgt werden, ist in einigen Ländern Osteuropas und des globalen Südens nicht mehr zu übersehen. Die Müllkippe in der westafrikanischen Stadt Accra ist seit vielen Jahren die Endstation für gigantische Mengen Alttextilien. Und die chilenische Atacama-Wüste wird inzwischen als „The Great Fashion Garbage Patch" bezeichnet (abgeleitet vom Mülltepich im Nordpazifik, dem „Great Pacific Garbage Patch"). Auch dort wächst der textile Müllberg indessen weiter, um nur einige Beispiele zu nennen. Der Abfall belastet langfristig die Umwelt: Während Naturfasern im Grundzustand praktisch kompostierbar sind, enthalten die entsorgten Kleidungsstücke synthetische Materialien, die nicht biologisch abbaubar sind und bei der Verbrennung giftigen Rauch produzieren.

RETOUREN: SCHNELL BESTELLT UND DANN ENTSORGT?

Schnell bestellt – und schnell zurückgeschickt? Besonders im Fashion-Onlinehandel ist die Retourenquote sehr hoch, zumal viele Kundinnen und Kunden mehrere Größen zur Probe bestellen. Für viele steht also von vornherein fest, dass sie einen Teil der bestellten Ware wieder zurückschicken werden. Das verursacht Kosten sowie zusätzliche Transportwege und verschlingt weitere Ressourcen.

Immer wieder wird in den Medien kritisch über die Vernichtung von Retourenware berichtet. In der Regel ist jedoch kein Händler daran interessiert, wiederverkäufliche Ware zu entsorgen, stattdessen werden die Stücke wiederaufbereitet und weiterverkauft. „Nur knapp 4 % der zurückgeschickten Artikel landen im Müll", heißt es in dem im Januar 2023 veröffentlichten bevh-Retourenkompendium des Bundesverbandes des E-Commerce und Versandhandel Deutschland e. V. (bevh).

Händler können sich neuerdings ihren verantwortungsvollen Retourenprozess auch mit dem unabhängigen Siegel „Save Our Returns" zertifizieren lassen – dem ersten deutschen Siegel für nachhaltiges Retourenmanagement.

SAVE OUR RETURNS

DER ÖKOLOGISCHE FUSSABDRUCK VON MODE WIRD GRÖSSER

Carl Tillessen ist Trendanalyst beim Deutschen Mode Institut DMI in Berlin und Autor des Buches „Konsum – Warum wir kaufen, was wir nicht brauchen". Der Mode- und Trendexperte plädiert dafür, das Konsumverhalten zu überdenken.

„Unternehmen ersetzen zunehmend Baumwolle durch Bio-Baumwolle, Virgin Polyester durch Kunstfasern aus recycelten PET-Flaschen, Leder durch vegane Alternativen usw. Und Konsumenten kaufen einfach das Gleiche in Grün. All das ist richtig und wichtig. Es reicht aber leider nicht aus. Wie Studien zeigen, verschlechtert sich die Ökobilanz der Modeindustrie trotz dieser Bemühungen auch weiterhin kontinuierlich. Das liegt daran, dass die Menge an produzierter Kleidung auch weiterhin ungebremst zunimmt. Die Preise für Kleidung fallen. Die Tragedauer verkürzt sich, der Pro-Kopf-Verbrauch steigt. So hat sich der globale Verbrauch an Kleidung in den letzten Jahrzehnten vervierfacht, während sich die Weltbevölkerung „nur" verdoppelt hat. Durch das exponentielle Wachstum der Menge wird der ökologische Fußabdruck von Mode immer größer, egal wie sehr wir uns anstrengen, bei ihrer Herstellung umweltschonende Materialien und Verfahren zum Einsatz zu bringen. Wenn wir die Gesamtsituation verbessern wollen, müssen wir uns neben der Frage nach dem Was auch die Frage nach dem Wieviel stellen."

DER GEGENTREND: SLOW FASHION

Slow Fashion ist das Gegenteil der „schnellen Trends" und steht für einen Wertewandel beim Modekonsum hin zu einem verantwortungsbewussten Kauf. Oberstes Ziel ist nicht nur die Entschleunigung der Fashionindustrie, das heißt weniger Kaufanreiz durch weniger Kollektionen pro Jahr, sondern auch ein verändertes Bewusstsein gegenüber dem Produkt Mode, mit mehr Wertschätzung für die Bekleidung und ihren langfristigen Erhalt.

Slow Fashion soll nachhaltig, umweltfreundlich und unter fairen Arbeitsbedingungen in den produzierenden Ländern hergestellt werden. Mit qualitativ hochwertigen und recycelbaren Materialien, einer guten Verarbeitung und zeitlosem Design, das nicht den letzten Trends unterworfen ist.

So steht Slow Fashion ebenso für „weniger ist mehr": Weniger neue Mode shoppen – also auch mal secondhand kaufen – und dabei mehr auf Qualität und Langlebigkeit achten. Die Zurückhaltung beim Konsum spart wertvolle Ressourcen ein und verringert weltweit den Ausstoß von CO_2.

Slow Fashion wendet sich ab vom „Wegwerfartikel Mode“. Sorgfältig gepflegt hat ein Qualitätsprodukt eine längere Lebensdauer. Nachhaltige Mode hat zwar einen höheren Preis, dafür sind die Kleidungsstücke hochwertig verarbeitet und halten umso länger. Eine Investition, die sich langfristig auszahlt. Auch für die Umwelt, denn Slow Fashion setzt auf natürliche Materialien wie Bio-Baumwolle. Materialien, die in den Naturkreislauf zurückgeführt werden können, sollen zur Reduzierung des Textilmülls beitragen.

Und es gibt Anzeichen eines Umdenkens: Der Trend zur Slow Fashion nimmt Fahrt auf. Das Bewusstsein für einen nachhaltigeren Umgang mit Mode ist in den letzten sieben Jahren signifikant gestiegen, attestiert die Greenpeace-Umfrage aus dem Jahr 2022: Die Entwicklung im Konsumverhalten ist klar gegenläufig zum Industrietrend; Nachhaltigkeit ist beim Kauf erstmals wichtiger geworden als der Preis.

Erste Veränderungen werden sichtbar – viele Kleidungsstücke bleiben im Vergleich zu 2015 inzwischen deutlich länger im Kleiderschrank, bevor sie ausgemustert werden, ermittelte die Umweltorganisation. Und auch der Secondhandkauf wird immer populärer.

Demgegenüber stehen nachdenklich stimmende Prognosen. So soll der globale Markt für Fast Fashion jährlich um etwa 7 % wachsen. Wertschätzung für Mode muss wieder neu gelernt werden. Erst wenn das Bewusstsein steigt, welche Schäden und Konsequenzen der hohe Textilkonsum verursacht und daraufhin weniger Massenware gekauft wird, werden die Produzenten reagieren. Denn zu guter Letzt bestimmt auch bei Fast Fashion die Nachfrage das Angebot.

REGENERATIVE MODE – WAS STECKT DAHINTER?

Basis regenerativer Mode ist die nachhaltige, regenerative Landwirtschaft. Verwendet werden Materialien aus nachhaltigem Anbau, die Kleidung wird mit erneuerbaren Energien und unter Anwendung umweltfreundlicher Verfahren produziert und ist recyclingfähig.

GRÜN, GRÜNER, AM GRÜNSTEN: GREENWASHING

Die Taktik, ein Produkt als grüner, nachhaltiger und umweltfreundlicher darzustellen, als es eigentlich ist, wird als Greenwashing bezeichnet. „Grün" hat jedoch durchaus viele Schattierungen und es lohnt sich, beim Kauf nachhaltiger Mode genau hinzuschauen: „Aus Bio-Baumwolle" heißt zum Beispiel nicht, dass die Kleidung auch unter fairen Bedingungen hergestellt wurde.

RECYCLING: IST DAS DIE ZUKUNFTS-PERSPEKTIVE?

Ab damit in die Altkleidertonne? Schätzungsweise mehr als eine Million Tonnen getrennt gesammelte Alttextilien werden nach Hochrechnungen des Bundesverbands Sekundärrohstoffe und Entsorgung (bvse) in Deutschland jährlich erfasst. Fakt ist: Das Kreislaufwirtschaftsgesetz fordert die hochwertige und getrennte Erfassung sowie die hochwertige Verwertung der Alt-Textilien. Denn die Wiederverwendung von Altkleidern spart im Vergleich zur Produktion neuer Kleidung Ressourcen. Ohne das kostenfreie Textilrecycling würden noch größere Mengen über den Hausmüll entsorgt werden – und damit in die Müllverbrennung wandern. Allerdings wird inzwischen mehr gebrauchte Bekleidung abgegeben, als karitative Organisationen benötigen. Selbst für den günstigen Weiterverkauf auf internationalen Secondhandmärkten ist die Menge gesammelter Textilien zu groß.

In modernen Sortierbetrieben werden die gesammelten Kleidungsstücke meist per Hand nach Art des Kleidungsstücks und Qualitäten sortiert. Doch auch hier schlägt Fast Fashion zu: Die zunehmend schlechte Qualität und der hohe Anteil an Kunstfasern führt dazu, dass viele Textilien aussortiert werden. Selbst vermeintlich „sortenreine“ Kleidungsstücke wie T-Shirts aus reiner Baumwolle haben nämlich häufig Nähte aus Polyestergarn.

Jedes Jahr werden tonnenweise Textilien geschreddert, egal ob Hemd, Hose oder Tischdecke. Ein rein mechanischer Prozess, bei dem keine Farbstoffe oder Chemikalien verwendet werden, der jedoch aufwendig ist, denn zuvor müssen Reißverschlüsse, Ösen, Nieten, Knöpfe oder Haken entfernt werden.

Aus den geschredderten Alttextilien entstehen dann textile Recyclingmaterialien, die z. B. bei der Automobilherstellung oder im Maschinenbau Anwendung finden, ebenso werden Dämmstoffe für die Bauindustrie produziert. Oder der textile Ausschuss wird zu Putzlappen verarbeitet. Das sogenannte Fiber-to-fiber-Recycling, also neue Mode aus Recyclingmaterial, ist leider noch weitgehend Zukunftsmusik. „Derzeit wird etwa ein Drittel der benutzten Kleidung gesammelt und wiederverwendet, entweder als Secondhandmode, als grob recyceltes Textilprodukt wie Lappen und weniger als 1% als recycelte Textilfasern für neue Mode“, heißt es in der im Juli 2022 von McKinsey & Company veröffentlichten Studie „Scaling textile recycling in Europe – turning waste into value“ zu textilem Abfall. Dabei sind die Vorteile offensichtlich: Die Produktion von mechanisch recycelten Fasern benötigt geringere Wassermengen und Strom und sorgt für weniger Ausstoß von Treibhausgasen. Bei einer Steigerung der Sammelrate könnten laut McKinsey bereits im Jahr 2030 zwischen 18 und 26 Prozent des Textilmülls für die Herstellung von neuen Kleidungsstücken wiederverwertet werden.

WEGWERFWARE SCHUHE

Etwa jeder Achte trägt seine Schuhe nicht einmal ein ganzes Jahr, ermittelte Greenpeace. 43 % der Befragten sortieren Schuhe nach einem bis maximal drei Jahren aus. „Es ist zu vermuten, dass dieser negative Trend noch stärker als bei den Textilien durch die immer schlechtere Reparierbarkeit befeuert wird. Die Entwicklung beim Schuhdesign hin zu Mischgeweben und Verklebungen – was mit quasi unmöglicher Recycelfähigkeit einhergeht – trägt ebenfalls dazu bei“, heißt es bei Greenpeace.

SPENDE MIT DURCHBLICK: BRILLEN-RECYCLING

Oft liegen ausgemusterte Brillengestelle nutzlos in der Schublade rum. Wohin also mit alten Brillen? Bitte nicht in den Müll, denn du kannst die ausgediente Brille auch spenden. Frage bei deinem Optiker nach oder informiere dich im Internet – viele Organisationen nehmen alte Brillenfassungen an und leiten sie an bedürftige Menschen in ärmeren Ländern weiter, die sich sonst keine Sehhilfe leisten könnten.

STRICKEN MIT RECYCLING-GARNEN

Wie wäre es mit einem recycelten Handstrickgarn für das nächste Strickprojekt?

Recycelte Garne gibt es bereits in vielen verschiedenen Farben, Stärken und Qualitäten. Britta Kremke, Inhaberin von Kremke Soul-Wool, hat viel Erfahrung mit Recyclinggarnen und kreierte für ihren Onlineshop eine eigene Linie mit sogenannten Reborn-Garnen. „Neben dem Nachhaltigkeitsgedanken, der heute Grundvoraussetzung für ein erfolgreiches Produkt ist, finde ich das Thema Recycling für Handstrickgarne auch deshalb so interessant, weil recycelte Fasern den Garnen noch ein gewisses Extra verleihen. Farbeffekte, Garntextur und Garneigenschaften werden auch von den verarbeiteten Fasern bestimmt", erklärt Britta Kremke. „Gerade Garne mit Recyclinganteil sind häufig besonders schön fließend oder haben eine interessante Farbtiefe." Da recycelte Fasern nicht ganz so reißfest sind, wird – je nach Garntyp – beispielsweise rezykliertes Polyester (rPET) hinzugefügt. Dies sorgt für mehr Stabilität und einen gleichmäßigeren Faden. Das verwendete rPET stammt zu 100% aus PET-Flaschen.

ALTERNATIVEN ZUM NEUKAUF

Bei den insgesamt fast 5 Milliarden Kleidungsstücken in deutschen Schränken handelt es sich laut einer Greenpeace-Umfrage zu 85 % um Neuware. Doch es gibt Alternativen zum Neukauf.

→ Secondhand kaufen

→ Kleidung und Accessoires (Handtaschen) mieten

→ Kleidung leihen/verleihen

→ Mit Freunden und Freundinnen tauschen oder teilen

→ Kleidung selber nähen oder ändern

→ Nicht mehr intakte Kleidungsstücke reparieren

SECONDHAND IM TREND

Mode aus zweiter Hand wird immer populärer – befeuert durch den Nachhaltigkeitsgedanken und die Möglichkeit, das eine oder andere Schnäppchen zu machen. Nach einem leichten Knick im Jahr 2019 gab laut Greenpeace 2022 mit 45 % der Befragten fast die Hälfte der Deutschen an, Kleidung auch gebraucht zu kaufen. Ebenso werden zunehmend Modemarken aktiv und unterstützen mit eigenen Plattformen und Programmen das Reselling von Kleidungsstücken.

KLEIDUNG ENGER MACHEN

LIFE HACK

Im Laufe des Lebens kann sich die Körperform immer wieder ändern - das ist ganz normal und muss kein Grund sein, gleich die ganze Garderobe auszutauschen! Kleine Anpassungen der Weite kann man schnell und einfach selbst erledigen und so die liebsten Hosen einfach weiter tragen.
Dieser Hack für clevere Abnäher an Jeans und anderen Hosen lässt sich bei Bedarf auch ganz einfach rückgängig machen.

ANLEITUNG

1 Rechts und links neben der Gürtelschlaufe bzw. der rückwärtigen Naht anzeichnen, wie viel Weite durch die Abnäher weggenommen werden soll, und jeweils einen Keil anzeichnen.

2 Mit dem Faden an der Keilspitze von innen nach außen stechen. Abwechselnd rechts und links auf der Linie einen Stich setzen und den Faden hin und her spannen.

3 Den Faden fest anziehen, sodass sich die Naht schließt und der Keil zusammengezogen wird.

4 Auf der Innenseite die beiden Abnäher flachbügeln und mit ein paar Stichen fixieren.

Der **HOSENBUND** einer Jeans ist sehr **FEST**. Darum unbedingt einen **DICKEN, REISSFESTEN** Faden verwenden.

DER KLÜGERE GIBT NACH

LIFE HACK

Ein **KLEINER SCHNITT** und ein **GUMMIBAND** sorgen für einen **DEHNBAREN BUND**. Den Hosenbund an beiden Seiten mit der Schere durchtrennen und v-förmig **AUSEINANDERZIEHEN**. Das breite Gummiband hinter dem Schlitz feststecken und an beiden Kanten mit Zickzackstich aufsteppen.

EIN GUTES BAUCHGEFÜHL

LIFE HACK

Lass deine Lieblingsjeans NICHT im Kleiderschrank VERSAUERN, bis die Abspeckkur ihre Wirkung zeigt. Mit einem Haargummi bereitest du dem Kneifen des Hosenbundes ein schnelles Ende. Das Gummi durch das Knopfloch ziehen und am Knopf einhängen. Schon kannst du wieder durchatmen.
Der Trick lässt auch am Anfang der Schwangerschaft die Hosen mit dem Bäuchlein mitwachsen.

SHOPPEN MIT PLAN – FEHLKÄUFE VERMEIDEN

Beim Shoppen werden Glückshormone freigesetzt – das ist sogar wissenschaftlich erwiesen. Doch ein Beutezug führt häufig zu Impulskäufen, und damit steigt die Wahrscheinlichkeit, dass das Gekaufte als Fehlkauf im Kleiderschrank sein Dasein fristet.

→ Frag dich, warum du etwas kaufen willst. Häufig wird ein Kauf als Belohnung gewertet: „Ich habe es mir verdient, mir heute einen neuen Pulli/Rock/Schuhe zu kaufen."

→ Shoppen mit Plan: Lege die „Einkaufsliste" vorher fest. Steht lediglich eine neue Jeans auf dem gedanklichen Zettel, bist du weniger motiviert, auch noch ein paar Schuhe oder eine Handtasche zu kaufen.

→ Ein Kleidungsstück sollte immer durch seine Vielseitigkeit überzeugen. Verzichte auf den Kauf, wenn du Bluse oder Mantel nur bei wenigen Gelegenheiten tragen kannst – weil diese beispielsweise zu bunt/auffällig/empfindlich sind.

→ Überlege schon im Geschäft, wie und wann du das Stück tragen willst und wie du es mit anderen Dingen aus deinem Kleiderschrank kombinieren kannst.

→ Verzichte auf den Kauf, wenn etwas schon bei der Anprobe nicht optimal passt. Zuhause oder im Büro wird sich die Passform nicht auf wundersame Weise verbessern. Und: Kleidung sollte immer anprobiert und nie auf Verdacht gekauft werden.

→ Prüfe das Pflegeetikett: Ist es weiterhin ein Must-have, wenn du es jedes Mal per Hand waschen oder in die Reinigung bringen musst?

→ Möglichst das Objekt der Begierde nicht am selben Tag kaufen – lass es zurücklegen oder speichere es im Warenkorb. So kannst du in Ruhe darüber nachdenken.

→ Gib kein Geld aus für Mode, die schlecht verarbeitet aussieht (achte z. B. auf gekräuselte Nähte, lose Knöpfe, abstehende Fädchen).

→ Nicht auf Schnäppchen hereinfallen! Vielleicht wird die herabgesetzte Ware zum absoluten Lieblingsstück, vielleicht führt der günstigere Preis aber auch zu einem Fehlkauf. Würdest du es auch zum Originalpreis kaufen?

→ Lass dich beim Onlineshopping nicht durch suggerierte Knappheit („Nur noch 2 Stück auf Lager!") unter Druck setzen.

→ Shoppen unter Zeitdruck führt häufig zu Fehlkäufen. Nimm dir Zeit: Du wirst den Kauf gründlicher abwägen und einem Impulskauf eher widerstehen können.

→ Vorsicht bei modischen It-Pieces! Passt das wirklich zum eigenen Stil? Mag ja sein, dass es derzeit sehr angesagt ist, aber fühlst du dich darin auch rundum wohl – oder fehlt dann doch der Mut, es anzuziehen?

→ Kaufe Kleidungsstücke, die du länger als eine Saison tragen kannst – wirst du den Mantel in der diesjährigen Trendfarbe auch noch in ein oder zwei Jahren tragen, oder schreit die Farbe dann „ich bin sowas von out"?

→ Setze auf Kleidungsstücke in zeitlosen Designs und Farben – mit wechselnden Accessoires lassen sich diese immer wieder neu stylen und aufpeppen.

LISTEN ALS PLANUNGSHILFE

Nutze Listen um deine Einkäufe langfristig zu planen und vorhandene Kleidungsstücke und Kombinationsmöglichkeiten im Blick zu behalten. Wir haben für dich praktische Vorlagen zum Herunterladen und Ausdrucken erstellt. Du findest sie alle im Downloadcenter unter www.topp-kreativ.de/digibib.

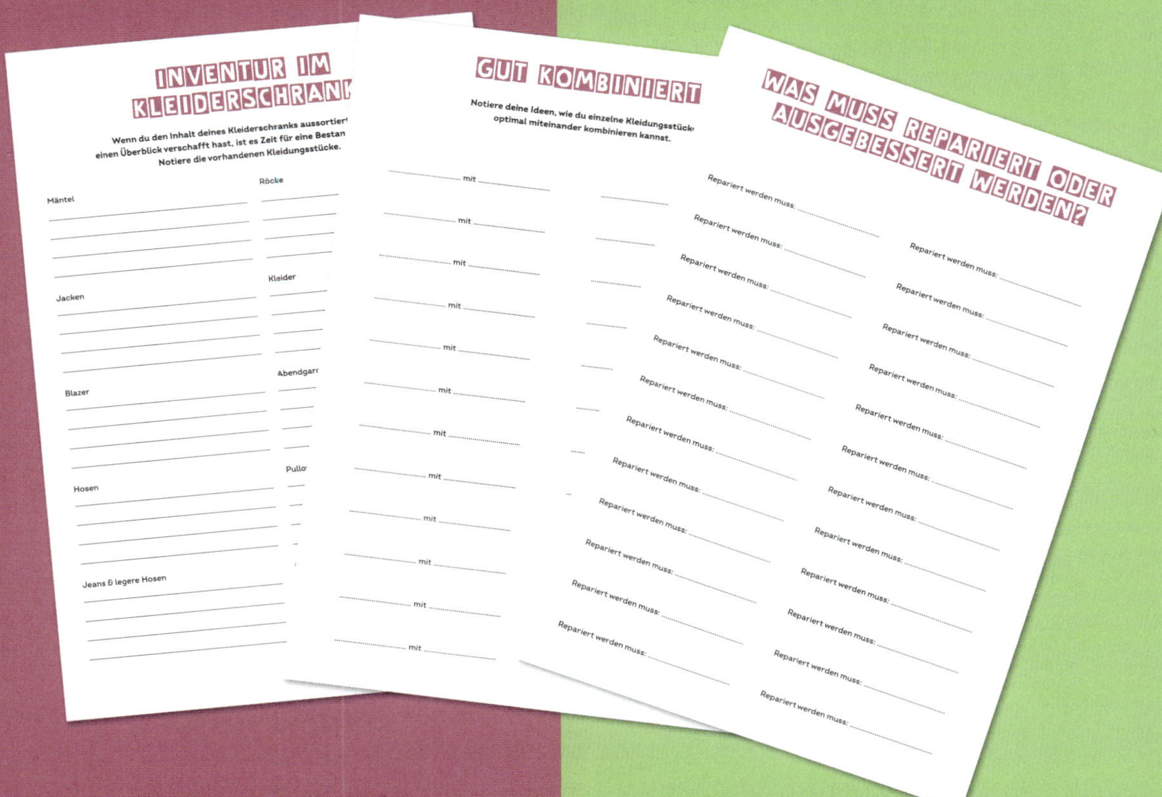

SO GELINGT MEHR NACHHALTIGKEIT IM KLEIDERSCHRANK

Ein Blick auf die verschiedenen Siegel kann dir im Fashion-Dschungel praktische Orientierungshilfe für den Kauf nachhaltiger Mode geben. Wir zeigen dir eine kleine Auswahl:

BLAUER ENGEL

Seit 1978 gibt es den Blauen Engel, das Umweltzeichen der Bundesrepublik Deutschland. Das Label erhalten Produkte, die hohen Anforderungen im Bereich Umwelt-, Gesundheits-, Arbeits- und Verbraucherschutz entsprechen.
www.blauer-engel.de

EU ECOLABEL

Das EU-Umweltzeichen ist das offizielle freiwillige Umweltzeichen der Europäischen Union, das eine nachhaltigere Faserproduktion, einen weniger umweltschädlichen Produktionsprozess, strenge Beschränkungen bei der Verwendung gefährlicher Stoffe und ein langlebiges Endprodukt garantiert.
www.ecolabel.eu

GRÜNER KNOPF

Das deutsche Siegel für nachhaltige Textilien – der Grüne Knopf – wird seit 2019 vom Bundesministerium für wirtschaftliche Zusammenarbeit und Entwicklung (BMZ) vergeben. Für die Zertifizierung müssen Unternehmen 46 Sozial- und Umwelt-kriterien erfüllen.
www.gruener-knopf.de

GRÜNER KNOPF
SOZIAL. ÖKOLOGISCH. STAATLICH.
UNABHÄNGIG ZERTIFIZIERT.

HOCHWERTIG HÄLT LÄNGER!
Ein entscheidender Faktor für die Haltbarkeit eines Kleidungsstücks ist die **MATERIALZUSAMMENSETZUNG**. Je höher der Anteil **HOCHWERTIGER FASERN** wie Wolle, Baumwolle oder Leinen, desto **LANGLEBIGER** ist (bei sorgfältiger Pflege) das Kleidungsstück – und umso länger wirst du es gerne tragen.

FAIRTRADE® COTTON

FAIRTRADE BAUMWOLLE

Das Fairtrade-Produkt-Siegel für Baumwolle kennzeichnet fair angebaute und gehandelte Rohbaumwolle.
www.fairtrade-deutschland.de

MADE IN GREEN BY OEKO-TEX®

OEKO-TEX® MADE IN GREEN ist ein nachverfolgbares Produktlabel für Textilien und Lederartikel, die aus schadstoffgeprüften Materialien bestehen, in umweltfreundlichen Betrieben und an sicheren und sozialverträglichen Arbeitsplätzen produziert wurden.
www.oeko-tex.com/de

GOTS

Der Global Organic Textile Standard definiert weltweit anerkannte Anforderungen für Bio-Textilien – von der Rohstoffernte über die umwelt- und sozialverträgliche Herstellung bis hin zur Kennzeichnung der Textilien.
www.global-standard.org

PETA APPROVED VEGAN

Die Tierschutzorganisation PETA vergibt ein Logo, mit dem Unternehmen ihre Produkte kennzeichnen können, also Textilien, die keine tierischen Stoffe wie Pelz, Leder, Seide, Wolle und auch keine tierischen Komponenten, wie z. B. Farb- oder Klebstoffe, enthalten.
www.peta.de/veganleben0/peta-approved-vegan/

CRADLE TO CRADLE

Zertifikat für Produkte, die nach dem Kreislaufprinzip hergestellt werden. In vier Stufen werden Produkte nach fünf Kategorien bewertet: Materialgesundheit, Recyclingfähigkeit, Luft- und Klimaschutz, Wasser- und Bodenmanagement und soziale Gerechtigkeit.
https://c2ccertified.org

CAPSULE WARDROBE – MEHR MODE BRAUCHST DU NICHT

Hinter dem Begriff Capsule Wardrobe steht der Minimalismusgedanke: Eine reduzierte Anzahl an hochwertigen, aber essenziellen Basics, die untereinander vielseitig kombinierbar sind. Rund 40 Kleidungsstücke pro Saison – mehr Mode brauchst du nicht, um immer wieder neue Looks zu kreieren.

Die dominierenden Farben einer Capsule Wardrobe sind neutrale und gedeckte Töne, z. B. Schwarz, Weiß, Beige, Grau und Dunkelblau – diese lassen sich vielseitig miteinander kombinieren.

Zu den Key-Pieces gehören Styles und Schnitte, die in jeder Saison getragen werden können. Eine Capsule Wardrobe besteht u. a. aus Hemden oder Blusen, Pullovern und Cardigans, T-Shirts, Stoffhosen und Rock bzw. Kleid, einem Business Outfit mit Blazer, Jeans mit guter Passform, einem zeitlosen Mantel und/oder einer Jacke.

Die Basics kannst du für Herbst und Winter bzw. Frühjahr und Sommer ergänzen, etwa mit einem luftigen Sommerkleid oder einer stylischen Jeansjacke.

Auch Statement-Pieces gehören durchaus dazu, Farben und Muster sollten aber ebenfalls vielseitige Kombipartner für deine Grundausstattung sein. Accessoires wie Taschen oder Schals in Akzentfarben werden dann als Eye-Catcher eingesetzt und verleihen dem Outfit einen individuellen Touch.

Der Blick auf das Wesentliche gilt natürlich ebenso für den Inhalt des Schuhschranks: Konzentriere dich auf Sneaker, Boots für die jeweilige Jahreszeit, Sommerschuhe und, je nach individuellem Stil, schickere Modelle wie Pumps oder Mules.

Auch bei den **HERREN** lässt sich „keep it simple“ mithilfe einer Capsule Wardrobe umsetzen. Für Ihn sind klassische Hemden, Freizeithemden, Pullover, ein dunkler Anzug, T-Shirts in gedeckten Farben, eine schlichte Hose, Chinos und Denims, Sakko, Mantel und/ oder Jacken, Sneaker, Boots und Loafer Must-haves, um im Handumdrehen **OUTFITS** für jede Gelegenheit von casual bis schick zu stylen.

DAS PFLEGEETIKETT: DIE PFLEGEVERSICHERUNG FÜR DEINE GARDEROBE

Das in der Kleidung eingenähte Pflegeetikett liefert wertvolle Hinweise, wie das jeweilige Kleidungsstück gewaschen oder gereinigt, getrocknet und eventuell gebügelt werden sollte, ohne dass es Schaden nimmt. Die Vorgaben des Herstellers sind also wie eine „Pflegeversicherung" für deine Kleidung.

GINETEX GERMANY

INTERNATIONALE TEXTILPFLEGESYMBOLE

WASCHEN (Waschbottich)	95	60	60	40	40	40	30	30	30		
	Normal-waschgang	Normal-waschgang	Schon-waschgang	Normal-waschgang	Schon-waschgang	Spezial-schon-waschgang	Normal-waschgang	Schon-waschgang	Spezial-schon-waschgang	Handwäsche	Nicht waschen
	Die *Zahlen* im Waschbottich entsprechen den *maximalen Waschtemperaturen*, die nicht überschritten werden dürfen. Der eine *Balken* unterhalb des Waschbottichs verlangt eine milde Behandlung mit reduzierter Waschmenge und geringer Drehzahl beim Schleudern. Der *doppelte Balken* bedeutet eine sehr milde Behandlung mit reduzierter Mechanik (z. B. Wollwäsche).										

BLEICHEN (Dreieck)			
	Chlor- oder Sauerstoffbleiche zulässig	nur Sauerstoffbleiche zulässig / keine Chlorbleiche	Nicht bleichen

TROCKNEN IM WÄSCHE-TROCKNER (Quadrat mit Kreis)			
	Trocknen im Wäschetrockner möglich Normale Trocknung	Trocknen im Wäschetrockner möglich Schonende Trocknung	Nicht im Wäschetrockner trocknen
	Die *Punkte* kennzeichnen die Trocknungsstufe im Wäschetrockner.		

BÜGELN (Bügeleisen)				
	Heiß bügeln (200 °C)	Mäßig heiß bügeln (150 °C)	Nicht heiß bügeln (110 °C) Vorsicht beim Bügeln mit Dampf	Nicht bügeln
	Die *Punkte* kennzeichnen die Temperaturbereiche der Reglerbügeleisen.			

PROF. TEXTILPFLEGE (Kreis)	P	P	F	F	
	Professionelle Trockenreinigung Normales Verfahren	Professionelle Trockenreinigung Schonverfahren	Professionelle Trockenreinigung Normales Verfahren	Professionelle Trockenreinigung Schonverfahren	Nicht Trockenreinigen
	Die *Buchstaben* sind für den professionellen Textilpfleger bestimmt. Sie geben einen Hinweis auf die in Frage kommenden *Lösemittel*. Der *Balken* unterhalb des Kreises verlangt bei der Reinigung nach einer *Beschränkung* der mechanischen Beanspruchung, der Feuchtigkeitszugabe und/oder der Temperatur.				
	W	W	W	W	
	Professionelle Nassreinigung Normales Verfahren	Professionelle Nassreinigung Schonverfahren	Professionelle Nassreinigung Spezialschonverfahren	Nicht Nassreinigen	
	Dieses Symbol bezeichnet Artikel, die im *Nassreinigungsverfahren* behandelt werden können. Es wird in der zweiten Zeile *unter dem Symbol für die Trockenreinigung* angebracht. Die *Balken* unterhalb des Kreises verlangen bei der Nassreinigung nach einer *Beschränkung* der mechanischen Beanspruchung. Der *doppelte Balken* kennzeichnet ein noch *milderes Verfahren*.				

ES HÄNGT IM SCHRANK UND IST AUS ...

Baumwolle, Wolle, Leinen oder Mischfasern – Auskunft über die Materialzusammensetzung gibt das Pflegeetikett. Und das sollte zur Pflichtlektüre gehören, damit du weißt, aus welchem Material deine Kleidung hergestellt wurde. Die verschiedenen Stoffe und Gewebe brauchen nämlich unterschiedliche Waschmittel und Waschtemperaturen, um lange schön und wie neu zu bleiben.

WOLLE

Wolle ist der **OBERBEGRIFF** für verschiedene **WOLLARTEN** – Schafwolle, Angora von Kaninchen, Kaschmir und Mohair von Ziegen oder u.a. auch Alpaka oder Kamelwolle. Wollfasern sind von Natur aus leicht elastisch und atmungsaktiv. Wollstücke können meist (Pflegeetikett beachten!) bei niedriger Temperatur und mit einem milden Wollwaschmittel im Wollprogramm der Maschine oder per Hand gewaschen werden. Empfindliche Wollpullover oder Accessoires nicht schleudern. Nach der Wäsche sanft mit einem Handtuch ausdrücken und dann liegend trocknen, damit sie nicht ihre Form verlieren.

BAUMWOLLE

Baumwollstoffe sind ATMUNGSAKTIV und können viel Feuchtigkeit aufnehmen. Reine Baumwolle neigt zum Knittern und ist wenig elastisch, dafür STRAPAZIERFÄHIG und PFLEGELEICHT, kann beim Waschen allerdings einlaufen. Bei Baumwollmischgeweben unbedingt auf die empfohlene Waschtemperatur achten und für Buntes ein Colorwaschmittel verwenden.

LEINEN

Wird aus den Fasern der FLACHSPFLANZE hergestellt und ist ein fester, strapazierfähiger und temperaturausgleichender Stoff, der allerdings schnell knittert. Leinen wird gerne mit anderen Fasern kombiniert, daher beim Waschen (am besten mit Flüssigwaschmitteln) und Bügeln unbedingt die Pflegehinweise beachten.

CORD

Meist aus Baumwolle gewebt, in SAMTIGER Qualität mit typischen Längsrippen. Dadurch erhält der Stoff eine STRICHRICHTUNG. Cord ist WEICH, aber durchaus STRAPAZIERFÄHIG. Auf links gedreht im Schonwaschgang mit Feinwaschmittel bei maximal 40 °C waschen.

JERSEY

Kein gewebter Stoff, sondern MASCHENWARE mit leichter Rippenstruktur. Jersey wird meist aus verschiedenen Fasern gefertigt, darunter BAUMWOLLE, VISKOSE oder ELASTAN, daher unbedingt die Wasch- und Pflegehinweise beachten.

HANF

Eine reine, sehr STRAPAZIERFÄHIGE Naturfaser und NACHHALTIGER als Baumwolle. Reinen Hanfstoff nur mit Flüssigwaschmitteln bei niedrigen Temperaturen waschen. Kann bei HOHEN Temperaturen gebügelt werden. Meist werden für Bekleidung jedoch Materialmischungen verwendet, also unbedingt die Pflegehinweise beachten.

SEIDE

Seidenfasern werden aus den KOKONS der SEIDENRAUPE gewonnen. Die NATURFASER ist sehr weich und glänzt schön. Dupion-Seide (mit noppenartiger Textur) oder SEIDENTAFT sind etwas griffiger. Empfehlenswert ist die chemische Reinigung, waschbare Stücke von HAND WASCHEN. Von links und ohne Dampf bügeln – Seide ist empfindlich für Wasserflecken.

SAMT

Ein Gewebe mit dichtem FLOR, das aus verschiedenen Materialien hergestellt werden kann. Samt mit POLYESTERBEIMISCHUNG kann meist kalt und per Hand mit mildem FEINWASCHMITTEL gewaschen werden, dennoch gilt: Pflegeetikett beachten!

KUNSTFASERN

VISKOSE/RAYON

Wird auch KUNSTSEIDE genannt und ist eine chemisch hergestellte Faser aus Holz- oder Bambuszellulose und Baumwollfasern. Viskose gibt es in MATTER oder GLÄNZENDER Optik. Gewaschen wird per HANDWÄSCHE oder mit Feinwasch- oder flüssigem Colorwaschmittel im Schonwaschgang bei 30 °C, anschließend tropfnass aufhängen. Viskose ist NICHT trocknergeeignet, da sich der Stoff schnell verzieht.
Auch Tencel™ (Modal und Lyocell) werden aus Holz gewonnen und sind biologisch abbaubar. Die Zellulosefaser LYOCELL ist jedoch eine ÖKOLOGISCHE ALTERNATIVE zu anderen synthetisch hergestellten Fasern, da weniger Wasser und Chemie bei der Herstellung benötigt werden.

POLYESTER

Die synthetische Faser wird häufig für MISCHGEWEBE genutzt, z. B. in Kombination mit Wolle oder Baumwolle, ebenso für Fleecestoffe. Polyester ist sehr STRAPAZIERFÄHIG und zudem bei niedrigen Temperaturen waschmaschinentauglich (Feinwasch- oder flüssiges Colorwaschmittel verwenden), weitgehend bügelfrei und trocknet schnell.

RECYCELTES POLYESTER

Ob Virgin Polyester oder recyceltes Polyester (rPET) – die Qualität unterscheidet sich kaum, doch die Herstellung der Recyclingfasern gilt als umweltfreundlicher, da das Recycling Ressourcen einspart. Die Recyclingfasern werden hauptsächlich aus PET-Flaschen gewonnen. Das Problem, dass Mikroplastik ins Abwasser gelangt, besteht jedoch auch bei rPET.

DIE PROBLEMATIK DER KUNSTFASERN

Kunstfasern ermöglichen es, den Textilien bestimmte Eigenschaften zu verleihen – Elastan beispielsweise sorgt für den perfekten Fit von Leggings oder Badeanzug. Allerdings werden Synthetikfasern wie Polyester, Polyacryl oder Elastan aus Erdöl hergestellt, sind nicht biologisch abbaubar und nur schwer zu recyceln. Erste umweltfreundliche Alternativen, z. B. aus Mais hergestellte Elastanfasern, werden in der Textilindustrie bereits eingesetzt.

POLYACRYL

Ist ebenfalls **PFLEGELEICHT** und kann bei bis zu 30 °C in der Maschine (nicht schleudern) gewaschen werden. Nicht trocknergeeignet und nur bei niedrigster Temperatur bügeln.

POLYAMID

Verleiht Textilien **FESTIGKEIT**, ist aber hoch elastisch. Kommt häufig bei **SPORTBEKLEIDUNG** und u.a. **DESSOUS** und **STRUMPFWAREN** zum Einsatz. Im Schonwaschgang mit Feinwaschmittel bei 30 °C waschbar. Bekannte Polyamide sind z. B. Nylon oder Perlon.

ELASTAN

Stoffe mit Elastananteil (z. B. Lycra®) sind sehr **ELASTISCH** und generell **PFLEGELEICHT**. Der Zusatz von Elastan verbessert Passform und **TRAGEKOMFORT**. Mischgewebe mit Elastan sind bei niedrigen Temperaturen maschinenwaschbar (keine Waschmittel mit Bleiche und keinen Weichspüler verwenden).

COOL DOWN! ES MUSS NICHT IMMER 60 GRAD SEIN ...

Niedrige Waschtemperaturen reduzieren den Energieverbrauch. 30 Grad statt 60 Grad – das spart bis zu 60 Prozent Strom. Aber wird die Wäsche auch sauber? Moderne Waschmittel sind viel leistungsfähiger als ihre Vorgänger. Die ausgeklügelte Kombination aus Enzymen und Tensiden (waschaktiven Substanzen) löst Fette und Schmutz beim Waschgang auf.

Waschmittelhersteller geben auf der Packung an, bei welcher Temperatur das Produkt seine Waschkraft entfaltet: Zahlreiche Waschmittel bringen Höchstleistung schon bei einer Temperatur von 20 Grad. Diese Waschtemperatur ist ideal z. B. für Shirts, Blusen oder Hemden. Stärkere Flecken können z. B. mit Gallseife vorbehandelt werden.

Verschiedene Textilien wie Bettwäsche und Handtücher, die man nur selbst benutzt, dürfen sich bei 30 Grad in der Ma-

schine tummeln. In Mehrpersonenhaushalten sollten Bettwäsche, Handtücher und Küchentextilien jedoch bei 60 Grad mit einem Vollwaschmittel gewaschen werden, um die typischen Haushaltskeime abzutöten. Einmal im Monat lohnt es sich, die Waschmaschine bei 60 Grad mit Vollwaschmittel anzustellen, denn mit der Zeit lagert sich ein (teils unangenehm riechender) bakterieller Belag im Inneren der Trommel ab, der bei höheren Temperaturen mithilfe des Waschmittels entfernt wird.

INS NETZ GEGANGEN

Feinwäsche sollte im schützenden Wäschenetz gewaschen werden – dazu zählen z. B. Dessous, vor allem Teile mit Verschlusshäkchen, die andere Wäschestücke beschädigen könnten, Feinstrümpfe, Schals, Bademode und alle besonders empfindlichen Textilien.

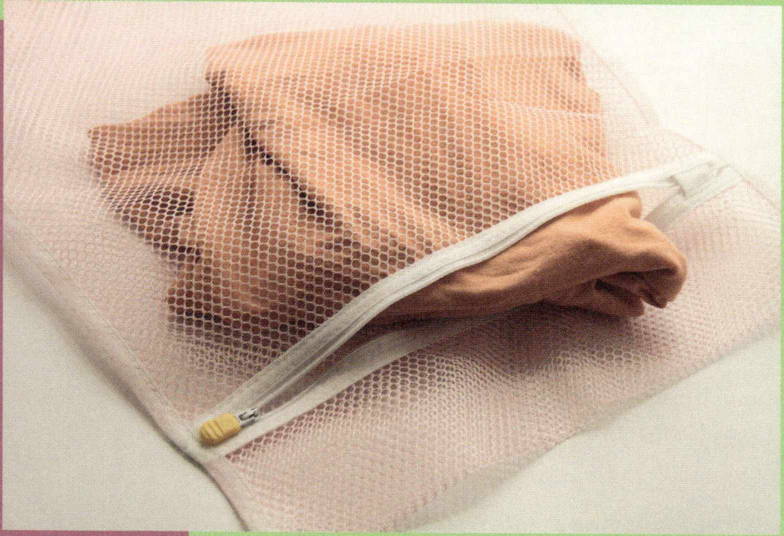

STRETCHSTOFFE WASCHEN

Kleidungsstücke mit Stretchanteil sollten bei niedriger Temperatur gewaschen werden, damit sie lange in Form bleiben. Auf Weichspüler sollte dabei verzichtet werden: Langfristig können Stretchstoffe dadurch an Elastizität verlieren.

SCHON WIEDER WASCHTAG?

Die meisten Kleidungsstücke müssen weniger oft gewaschen werden als gedacht. Zudem frisst häufiges Waschen Strom und Wasser und bedeutet Farbverlust und Verschleiß der Textilien – und tut auch der Umwelt nicht gut, denn viele Waschmittel enthalten Mikroplastik.

Meist reicht es, alles gründlich auszulüften – das gilt z. B. für Hosen, Jeans und Röcke, Sweatshirts oder Hoodies, aber auch für Wollpullis oder Cardigans. Auch sie bleiben nämlich länger schön, wenn sie nicht so oft gewaschen werden. Merinowolle beispielsweise hat von Natur aus antibakterielle Eigenschaften, die selbst nach mehrmaligem Tragen die Bildung unangenehmer Gerüche verhindern.

Alles, was unmittelbar auf der Haut getragen und mit Hautfett und Schweiß in Berührung kommt, darf natürlich öfter in die Maschine. Dazu zählen BHs, Tops, Unterhemden, Hemden und T-Shirts, wie auch durchgeschwitzte Sportkleidung. Je nach Saison und wie häufig du nachts schwitzt, sollten auch Schlafanzüge bereits nach wenigen Nächten gewaschen werden. Und, ganz klar: Socken, Slips und Unterhosen ge-

hören aus hygienischen Gründen nach jedem Tragen in die Wäsche.

Keinen Aufschub solltest du deiner Festgarderobe (also beispielsweise Anzug, Hochzeits- oder Abendkleid) gewähren: Schweiß, Deo-Rückstände und unsichtbare Verschmutzungen können das Gewebe angreifen. Also am besten unmittelbar nach dem Tragen professionell reinigen lassen.

Auch der Versuchung, neu gekaufte Kleidung ohne vorheriges Waschen anzuziehen, solltest du widerstehen: Hier heißt es „ab in die Waschmaschine". Denn in den Textilien können sich chemische Rückstände und überschüssige Farbstoffe befinden, die vor dem ersten Tragen unbedingt ausgewaschen werden sollten. Diese Substanzen könnten bei Hautkontakt Reizungen oder allergische Reaktionen verursachen.

DIE SAUBERMACHER: WASCHMITTEL

Die Vielfalt ist riesig – Waschmittel gibt es als Pulver oder Perlen, als Flüssigwaschmittel und in vordosierten Kapseln, in Form von Baukastensystemen oder auch als umweltfreundliche Waschblätter. Die Saubermacher funktionieren meist nach dem gleichen Prinzip: Waschmittel enthalten Tenside (waschaktive Substanzen) sowie Enzyme zur Entfernung von eiweiß-, stärke- und fetthaltigen Flecken.

VOLLWASCHMITTEL

enthält in der Regel BLEICHMITTEL, damit die Wäsche strahlend WEISS wird und nicht vergilbt. Wird Buntwäsche jedoch häufig mit Vollwaschmittel gewaschen, droht ein Farbverlust.

COLORWASCHMITTEL

sind schonender für BUNTES, da sie in der Regel OHNE optische Aufheller und BLEICHMITTEL auskommen. Zudem soll das Abfärben von Textilien auf andere Wäschestücke durch spezielle Zusatzstoffe verhindert werden.

FEINWASCHMITTEL

enthalten weder Aufheller noch Bleichmittel und sind für FASER- UND FARBEMPFINDLICHE TEXTILIEN konzipiert.

WOLL- UND SEIDENWASCHMITTEL

sind ideal zum Waschen von WOLLE und SEIDE, enthalten KEINE Aufheller, Bleichmittel oder Enzyme, sind PH-NEUTRAL und sollen dem Verfilzen von Wolle entgegenwirken. Geeignet für HAND- und MASCHINENWÄSCHE.

SENSITIV WASCHMITTEL

versprechen hohe HAUTVERTRÄGLICHKEIT und werden auch für Baby- und Kinderkleidung empfohlen.

FUNKTIONSWASCHMITTEL

sind für HIGHTECH-FASERN konzipiert und damit ideal für Funktionskleidung sowie Sporttextilien mit ATMUNGSAKTIVEN Membranen.

WASCHNÜSSE

(die Früchte des Waschnussbaumes) gelten als umweltfreundliche Alternative zu klassischen Waschmitteln und werden in einem Baumwollbeutel mit zur Wäsche gegeben. Sie enthalten Saponine (natürliche Bitterstoffe), die in Kombination mit Wasser einen seifenartigen und biologisch abbaubaren Schaum entwickeln. Leichte Flecken und Verschmutzungen sind zwar für Waschnüsse kein Problem, weniger effizient sind sie jedoch bei hartnäckigen Flecken. Zudem enthalten sie keine Bleichmittel – weiße Wäsche wird daher schnell grau. Und wer auf duftende Wäsche steht, wird ebenfalls enttäuscht sein: Waschnüsse geben keine Duftstoffe ab. Auch die Umweltbilanz ist nicht ganz so „sauber" wie man meinen könnte: Waschnüsse müssen importiert werden, dank der langen Transportwege können sie ökologisch also weniger Punkte sammeln.

WASCHBLÄTTER ODER -STREIFEN

bieten – je nach Produkt – eine ökologische und oft auch vegane Alternative zum herkömmlichen Waschmittel: Die wasserlöslichen Blätter enthalten eine vordosierte Menge Waschmittel und sind als Voll- oder Colorwaschmittel erhältlich.

KASTANIEN

enthalten ebenfalls Saponine. Die Anwendung ist jedoch etwas aufwendiger: Die Kastanien werden zunächst zerkleinert und mehrere Stunden in Wasser eingeweicht, um die Saponine freizusetzen. Das Wasser wird anschließend durch ein Sieb gegossen und dann wie ein Flüssigwaschmittel verwendet. Es sollte jedoch immer frischer Sud verwendet werden, da sonst ein unangenehmer Geruch entstehen kann.

BAUKASTENWASCHMITTEL

bestehen aus verschiedenen Komponenten, die individuell kombiniert werden – einem Wasserenthärter, einem Waschmittel und einem Bleichmittel oder Fleckensalz. So kann bedarfsgerecht und umweltfreundlich dosiert werden, da sich die Komponenten auf die jeweilige Wasserhärte anpassen lassen: Bei härterem Wasser wird mehr Enthärter, aber nicht mehr Waschmittel benötigt.

GALLSEIFE ist ein effizienter FLECKENTFERNER, sollte allerdings nicht zu lange einwirken, sonst bilden sich durch das Eintrocknen Flecken. Gallseife besteht aus KERNSEIFE und RINDERGALLE, ist also nicht vegan. Mittlerweile gibt es jedoch auch vegane Alternativen.

SCHÖN GESCHMEIDIG: WEICHSPÜLER

Die einen können nicht ohne, die anderen lehnen den Einsatz von Weichspüler kategorisch ab. Die Zugabe von Weichspüler verspricht kuschelweiche Kleidung, Handtücher oder Bettwäsche und langanhaltenden Duft. Sogenannte kationische Tenside glätten während des Spülgangs die Stofffasern und wirken der Trockenstarre entgegen. Die Wäsche trocknet schneller und auch das Bügeln geht fix von der Hand.

Es gibt jedoch Nachteile beim Einsatz von Weichspüler. Die Saugfähigkeit der Textilien nimmt ab, die Farben bleichen rascher aus und der Faserabrieb wird erhöht. Und: Bei herkömmlichen (nicht veganen) Weichspülern stammen die kationischen Tenside aus tierischen Fetten, die aus Schlachtabfällen gewonnen werden. Im Handel erhältlich sind vegane Weichspüler, die pflanzliche Öle zur Glättung enthalten. Ökologisch gesehen sind auch Weichspüler problematisch. Zwar sind die weichspülenden Tenside biologisch abbaubar, weitere Substanzen wie Duftstoffe oder Konservierungsmittel gelangen jedoch – wie auch bei Waschmitteln – mit jeder Wäsche in die Umwelt.

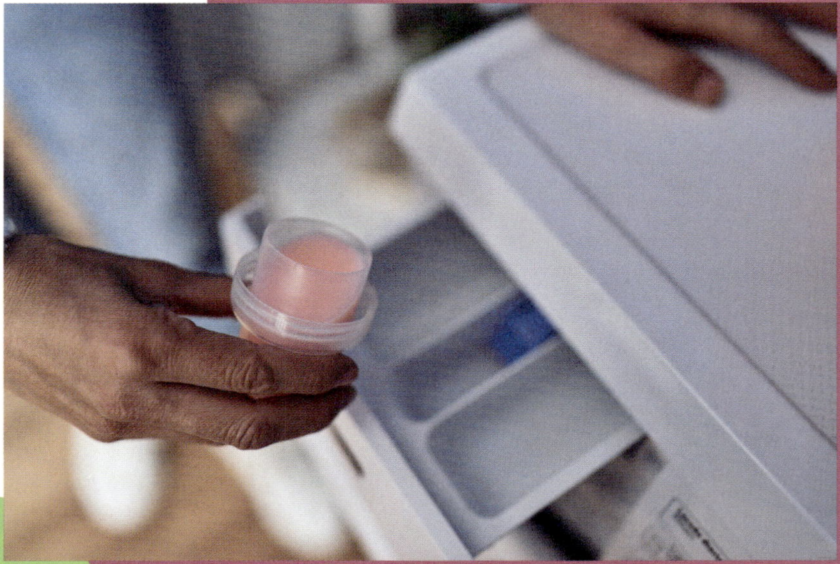

Jeans richtig waschen

Jeans nur bei niedrigen Temperaturen mit einem Colorwaschmittel und ohne Weichspüler waschen. Zum Farbschutz beim Waschen immer auf links drehen! Eine niedrige Schleuderzahl verhindert starke Faltenbildung. Wenn möglich an der Luft trocknen – müssen sie doch in den Trockner, dann eine niedrige Temperatur (Schonprogramm) wählen und die Jeans noch leicht feucht herausnehmen.

WENIGER IST MEHR

Den Wasserhärtegrad an deinem Wohnort kannst du online recherchieren oder bei deinem Wasserversorger erfragen. Je weicher das Wasser ist, desto weniger Waschmittel wird benötigt.

Auf der Verpackung deines Waschmittels findest du eine Dosierungsempfehlung, also wie viel Waschmittel du für unterschiedliche Mengen Wäsche benötigst. Bei höherer oder niedrigerer Beladung sollte die Dosierung entsprechend angepasst werden, das gilt auch, wenn die Wäsche weniger oder stark verschmutzt ist.

Verwende eine Waschmittel-Dosierhilfe oder einen Messbecher, um die optimale Menge an Waschmittel einzufüllen.

Das gilt auch für die Dosierung des jeweiligen Waschmittels. Die optimale Menge hängt von verschiedenen Faktoren ab: Dem Waschmittel, dem Füllstand der Waschmaschine, dem Härtegrad des Wassers und wie stark verschmutzt die Wäsche ist. Die korrekte Dosierung von Waschmitteln schont die Umwelt, spart Geld und hilft, Ablagerungen in der Trommel und auf den Textilien zu vermeiden.

FLECKENTFERNUNG: DIE MILCH MACHT´S!

LIFE HACK

Gegen frische KUGELSCHREIBERFLECKEN hilft ein altes Hausmittel: Einen ESSLÖFFEL MILCH (oder Buttermilch) auf den Fleck geben, etwas EINWIRKEN lassen und dann mit einem sauberen Tuch abtupfen. Anschließend das Kleidungsstück wie gewohnt waschen. BEERENFLECKEN lassen sich mit BUTTERMILCH entfernen. Kleidungsstück – sofern der Stoff farbecht ist – über Nacht in Buttermilch einweichen und anschließend auswaschen. Warum das funktioniert? Milch enthält Enzyme, die Verfärbungen aus den Fasern lösen.

PARFUMFLECKEN VERHINDERN

Parfum unbedingt vor dem Anziehen der Kleidung aufsprühen – Duftwässer können auf Textilien hartnäckige Flecken hinterlassen.

FUNKTIONS-KLEIDUNG RICHTIG WASCHEN

Funktionskleidung, z. B. Sporttextilien, regenabweisende oder wasserfeste Jacken oder Outdoorhosen, muss einiges aushalten, darunter die Witterung, Dreck und Schweiß. Damit die besonderen Eigenschaften wie Feuchtigkeitsregulierung oder der wasserabweisende Effekt erhalten bleiben, braucht Funktionskleidung zusätzliche Pflege.

Funktionskleidung aus Hightech-Fasern darf durchaus in die Waschmaschine – optimal ist ein Outdoor- oder Schonprogramm bei 30 °C. Waschpulver kann jedoch die Poren der atmungsaktiven Membranen verstopfen und eventuelle Imprägnierungen beeinträchtigen, daher immer ein flüssiges Waschmittel (optimal ist ein Funktionswaschmittel) verwenden und auf Weichspüler, Fleckentferner und Bleichmittel verzichten.

Am schonendsten trocknet Funktionskleidung an der Luft, sie sollte allerdings nicht direkt der Sonne ausgesetzt werden. In einigen Fällen sind Textilien mit besonderer Ausrüstung sogar trocknergeeignet – hier unbedingt die Hinweise im Pflegeetikett beachten. Allerdings trocknet Funktionskleidung meist auch ohne Trockner sehr schnell.

FRISCHEKUR FÜR DIE IMPRÄGNIERUNG

Bei imprägnierten Kleidungsstücken sollte der Schutz immer mal wieder aufgefrischt werden, dieser lässt durch regelmäßiges Waschen, aber auch durch Regen und Sonne, mit der Zeit nach. Je nach Ausrüstung der Outdoorkleidung kann die Auffrischung mit einem Imprägnierspray, Einwasch-Imprägnierern zur Anwendung in der Waschmaschine oder speziellen Wachsprodukten erfolgen. Bestimmte

Membranen sind zum Beispiel mit einer dauerhaft wasserabweisenden Imprägnierung (DWR/Durable Water Repellent) beschichtet, diese kann im Wäschetrockner (oder bei niedriger Temperatur mit dem Bügeleisen) reaktiviert werden. Beachte daher auf jeden Fall die Herstellerhinweise.

DARF BADEMODE IN DIE WASCHMASCHINE?

Nach dem Abtauchen im Pool oder im Meer sollten Badeanzug, Bikini oder Badehose mit klarem Wasser ausgespült werden, da Chlor und Salzwasser Farben und Material angreifen können. Das Pflegeetikett gibt Auskunft darüber, ob und wie die Badesachen in der Maschine gewaschen werden können:

Meist ist das im Feinwaschprogramm ohne Schleudergang bei niedrigen Temperaturen möglich. Gut geschützt sind Bikini & Co. in einem Wäschenetz. Aber bitte auf Weichspüler verzichten – dieser schädigt auf Dauer das enthaltene Elastan.

ANTI-SCHRUMPF-FORMEL

LIFE HACK

Nach der ersten Wäsche sind plötzlich die Ärmel ZU KURZ und das Bündchen reicht nur noch bis zum Bauchnabel? Mit EXTRABREITEN BÜNDCHEN kannst du das Top vor dem Mülleimer RETTEN und zum glücklichen Sieger über EINGELAUFENE WÄSCHE werden. Einfach den alten Saum abtrennen und das XL-Bündchen annähen. Wow!

SCHUHE UND STIEFEL – VON LEDER BIS TEXTIL

Ein Piktogramm im Schuh zeigt, aus welchem Material die Oberfläche hergestellt wurde. Die klassischen Obermaterialien für Schuhe und Stiefel, aber häufig auch Taschen, zeigen wir dir hier.

Leder ist das am häufigsten für Schuhe und Stiefel verwendete Material. Glattleder ist sehr strapazierfähig und hält bei regelmäßiger Pflege quasi ein Leben lang. Rauleder hat eine samtige Oberfläche und ist deshalb empfindlicher. Veloursleder wird aus der Lederunterseite hergestellt und punktet mit seinen atmungsaktiven Eigenschaften. Nubuk ist ein feines, geschliffenes Rauleder.

LACKLEDER

ist GLATTLEDER mit einer versiegelnden Beschichtung.

VEGANE LEDERIMITATE

werden OHNE tierisches Material aus PFLANZENFASERN hergestellt, z. B. aus Ananasblättern, Bananenfasern, Kakteen, Kork oder Pilzen.

KUNSTLEDER (SYNTHETIKLEDER)

wird auch VEGANES LEDER genannt. Von der Optik echtem Leder sehr ähnlich, handelt es sich jedoch meist um ein beschichtetes PU- oder PVC-Gewebe. Es ist PFLEGELEICHT, mit entsprechender IMPRÄGNIERUNG sogar WASSERDICHT und deutlich GÜNSTIGER als Echtleder.

DER NACHTEIL:
Es ist anfälliger für Kratzer und Schrammen, die sich nur schwer ausbessern lassen. Zudem enthält es Weichmacher. Ohne regelmäßige Pflege kann das synthetische Material mit der Zeit ausbleichen und brüchig werden.

GUMMI

sorgt für WASSERFESTIGKEIT etwa bei Gummistiefeln oder -schuhen. Doch auch hier gibt es Unterschiede: Hochwertige Gummistiefel werden aus NATURKAUTSCHUK, dem Latex des Gummibaumes, hergestellt. Alternativ dazu wird POLYURETHAN oder z. B. PVC verwendet.

TEXTILES OBERMATERIAL

wie z. B. Leinen, Hanf, Merino- oder Baumwolle (Canvas) ist für die wärmeren Jahreszeiten bei Schuhen und Sneakern ideal. Das gilt auch für synthetische Textilien wie netzartiges MESH oder feste POLYAMIDGEWEBE, die Stabilität verleihen.

LIFE HACK

FLECKENTFERNUNG BEI RAULEDER

GROBE VERSCHMUTZUNGEN, LEICHTE FLECKE und KLEINE SCHRAMMEN auf Rauleder lassen sich mit einer speziellen WILDLEDERBÜRSTE oder einem LEDERRADIERER sanft entfernen. Dabei nicht heftig rubbeln oder reiben. Keine Spezialbürste zur Hand? Nimm eine weiche Zahnbürste, um den Schmutz zu entfernen.

SNEAKER WASCHEN

Verschmutzte Textil-Sneaker (ohne Lederanteil) können meist bei niedrigen Temperaturen im Feinwäscheprogramm und geringer Schleuderzahl gewaschen werden. Allerdings hängt es auch von der Qualität und der Verarbeitung ab, ob die Sneaker den Waschgang schadlos überstehen, da sich z. B. Kleber, Nähte oder gar die Sohlen lösen könnten. Achtung bei bunten und mehrfarbigen Sneakern: Die Farben könnten ausbluten. Vor der Wäsche unbedingt Schnürsenkel und lose Einlegesohlen entfernen. Zum Schutz von Maschine und Schuhen ein Wäschenetz oder einen Kissenbezug verwenden und ein paar Handtücher mit in die Trommel geben. Keinen Weichspüler verwenden. Schuhe mit Metallapplikationen oder Strasssteinchen dürfen nicht in die Maschine.

DAS SPA-PROGRAMM FÜR SCHUHE

Auch Schuhe freuen sich über eine Extra-Portion Pflege! Mit ein paar Handgriffen sehen sie nicht nur schick und sauber aus, du verlängerst damit auch die Lebensdauer deiner Schuhe, Boots und Stiefel.

ECHTLEDER

Schuhcreme (entweder farblos oder passend zum Schuh) pflegt Glattleder (auch Gürtel) und hält es geschmeidig, verhindert jedoch nicht das Eindringen von Nässe und schützt nicht vor Schmutz.
Für das Pflegeprogramm groben Schmutz entfernen, die Schuhcreme mit Bürste oder Tuch auftragen und einige Minuten einwirken lassen. Anschließend die Schuhe mit einem Tuch oder einer speziellen Glanzbürste kreisförmig polieren. Schuhwachs schützt Glattleder vor Nässe und Verschmutzungen, enthält aber weniger pflegende Inhaltsstoffe.

Lederschuhe: Öfter mal eine Pause einlegen

Als Naturmaterial nimmt Leder beim Tragen Feuchtigkeit auf, daher benötigen Schuhe einige Tage, bis sie wieder vollständig getrocknet sind. Deshalb Echtlederschuhe besser nicht täglich tragen, sondern ihnen zwischendurch eine Pause gönnen. Schuhspanner sind eine gute Investition: Sie „bügeln" Gehfalten aus und halten Schuhe in Form.

RAULEDER

(Wild-, Nubuk- oder Veloursleder) sind durch ihre Oberflächenstruktur besonders empfindlich. Verschmutzungen sollten am besten sofort entfernt werden, für die gründliche Reinigung und Pflege gibt es spezielle Reinigungsprodukte und Bürsten.

LACKLEDER

Schmutz und Staub sollten mit einem angefeuchteten Tuch beseitigt werden, eine Bürste hinterlässt schnell Kratzer im Lack. Eine spezielle Lackleder-Pflege in Form von Creme oder Spray hält Lackleder elastisch und beugt Rissen vor. Die Lackpflege mit einem Tuch auftragen oder aufsprühen, kurz einwirken lassen und mit einem weichen Tuch polieren.

TEXTILMATERIALIEN

Groben Schmutz mit einer trockenen Bürste entfernen. Flecke und Verunreinigungen können mit Reinigungslotionen für die Textilpflege behandelt werden. Regelmäßiges Imprägnieren ist empfehlenswert.

SCHUTZ VOR NÄSSE

Glatt- und Rauleder sollten regelmäßig mit einem Spezialprodukt für Echtleder bzw. Rauleder imprägniert werden, um dem Eindringen von Feuchtigkeit vorzubeugen. Auch für Lackleder gibt es Imprägniermittel, welche die Oberfläche nicht angreifen. Ebenso ist das regelmäßige Imprägnieren von Textilschuhen empfehlenswert.

Bei Kunstleder ist die Behandlung mit einem Imprägniermittel nicht unbedingt erforderlich, die Anwendung kann jedoch in der nasskalten Jahreszeit hilfreich sein und schützt zudem vor der Bildung von hässlichen Wasserflecken. Dabei immer Imprägniermittel für Kunstleder verwenden, die kein Fett enthalten.

KUNSTLEDER

Verschmutzungen auf Kunstleder lassen sich einfach mit einem angefeuchteten Lappen entfernen, oder mit einer Schuhputzbürste mit weichen Borsten, um Kratzer zu vermeiden. Statt fetthaltiger Cremes ist ein spezieller Pflege- und Reinigungsschaum ideal - regelmäßig angewendet, bleibt das Material elastisch und ist vor Farbverlust geschützt. So geht´s: Schaum auf ein Tuch sprühen und Schuhe oder Stiefel damit einreiben, anschließend trocknen lassen.

GEFALTET ODER DOCH AUF DEN BÜGEL? DIE OPTIMALE AUFBEWAHRUNG IM KLEIDERSCHRANK

Wird Kleidung richtig gelagert, bleibt sie länger in Form – und du musst dich nicht über unschöne Knitterfalten oder Beulen ärgern!

Mäntel, Jacken, Anzüge, Röcke, Hosen, Blusen und Hemden sollten hängend aufbewahrt werden, um Faltenbildung zu vermeiden.

Nicht genug Platz im Schrank? Natürlich können Blusen, Shirts und Hemden auch zusammengelegt werden. Zusätzlichen Platz schafft ein Hängeorganizer mit mehreren Fächern, der an der Kleiderstange befestigt wird.

Legere Hosen wie Jeans oder Chinos einmal längs falten, sodass die Hosenbeine übereinanderliegen. Nun den Beinsaum so einschlagen, dass er am Bund aufliegt. Dann erneut zur Hälfte falten.

Kein Platz zum Aufhängen? **Hosen mit Bügelfalte** so legen, dass Bügelfalte auf Bügelfalte liegt, dann wie oben beschrieben falten.

Strickwaren wie Pullis oder Cardigans und Wollstücke immer liegend lagern, damit sie nicht ausleiern.

Schwere Kleidung und Stücke mit vielen **Applikationen** (z. B. ein perlenbesetztes Oberteil) sollten immer liegend aufbewahrt werden, da das Aufhängen die Schulter- und Armnähte strapaziert und das Material mit der Zeit Schaden nehmen bzw. ausleiern könnte.

Socken sollten nicht komplett, sondern maximal wenige Zentimeter ineinander gestülpt werden, sonst leidet auf Dauer das Bündchen. Schonender ist es, die Socken zu falten und paarweise zu stapeln oder sie einfach zusammenzurollen.

Bügel-BHs mit festen Cups sollten möglichst nicht gefaltet werden, das verlängert die Lebensdauer dieser empfindlichen Dessous. Optimal ist es, BHs nebeneinander auszulegen, damit die Form der Cups erhalten bleibt. Wenn es gar nicht anders geht: Mittelsteg kreuzen und die Cups ineinanderlegen.

IN REIH UND GLIED

LIFE HACK

Wer seine Shirts **KLEIN FALTET** und **HOCH-KANT** in einer Schublade aufbewahrt, sorgt für Ordnung. Die Ärmel des Shirts von hinten normal zusammenlegen. Das Shirt in der Mitte falten. Nochmal mittig falten. Alle Shirts hochkant In der Schublade platzieren.

Eine weitere **UMWELTFREUNDLICHE** Alternative sind **ZEDERNHOLZRINGE** oder Zedernholzbügel – diese verströmen einen Duft, den Kleidermotten nicht mögen!

LIFE HACK

NATÜRLICHER MOTTENSCHUTZ MIT LAVENDEL

Kleidermotten sind durchaus wählerisch und bevorzugen Textilien tierischer Herkunft, also z. B. Pelz, Leder und Wolle, aber auch Mischgewebe, das einen tierischen Anteil enthält. Die Plagegeister lassen sich jedoch ganz einfach vertreiben: Lavendelblüten pflücken, in einen kleinen Stoffbeutel geben und diesen zwischen die Kleidung legen.

KLEINE HÄNGEPARTIE: DIE VIELFALT DER KLEIDERBÜGEL

Metall, Kunststoff oder Holz, bunt oder einfarbig – auch bei Kleiderbügeln gibt es viel Auswahl. Denke jedoch immer daran, dass der Bügel das gesamte Gewicht der Kleidung tragen muss und diese auch ihre Form behalten soll. Zu dünne Bügel beispielsweise können bei schweren Mänteln oder Jacken sowie in feinen Stoffen Beulen in der Schulterpartie verursachen. Es gibt verschiedene Experten und Spezialisten unter den Kleiderbügeln – wir stellen die wichtigsten Varianten vor.

FORMBÜGEL

Diese Bügelform ahmt praktisch die Körperform nach – mit leicht angewinkelten Schenkeln, einer breiteren Schulterauflage und eventuell einem ausgearbeiteten Kopf, damit der Kragen schön in Form bleibt.

FLACHBÜGEL

Für die platzsparende Aufbewahrung im Schrank.

SPANNBÜGEL

Der Steg wird in den Hosen- oder Rockbund eingesetzt und durch einen Feder- oder Spannmechanismus fixiert.

HOSEN- UND ROCKSPANNER

Hosenbeine oder Rockbund werden durch einen Klemmmechanismus gehalten.

KLAMMERBÜGEL

Für Röcke und Hosen. Die Klammern werden jeweils 2–3 cm von der Außenseite des Hosen- oder Rockbundes befestigt.

BÜGEL MIT KERBEN ODER HAKEN:

Ideal z. B. für Spaghettiträger oder Schlaufen am Rock- oder Hosenbund.

BÜGEL MIT QUERSTANGE

Für Oberteile und Hosen.

GEPOLSTERTE BÜGEL

Schaumstoffbügel sind für empfindliche Stücke ideal, da der Bügel nicht in die Schulterpartie des Kleidungsstückes drückt.

RUTSCHFESTE BÜGEL

Eine Antirutschbeschichtung oder Beflockung verhindert, dass glatte Stoffe vom Bügel gleiten.

ZUBEHÖRBÜGEL

Bügel mit Spezialhaken oder -schlaufen sorgen für eine platzsparende und praktische Aufbewahrung von Krawatten, Gürteln, Tüchern oder Halsketten. Spezialbügel mit Klammern gibt es auch zum Aufhängen von Stiefeln mit langem Schaft.

SCHLUSS MIT DER RUTSCHPARTIE

Glatte Stoffe (z. B. Seide) rutschen häufig vom Bügel. So schaffst du Abhilfe: Jeweils einen Streifen Heißkleber auf beiden Seiten des Bügels aufbringen. Alternativ die Enden des Bügels mit einem Gummiband oder Chenilledraht (Pfeifenputzer) umwickeln.

LIFE HACK

PLATZ FÜR ACCESSOIRES

Auch deine Accessoires haben ein schönes Plätzchen verdient!

Gut aufgehoben sind Handtaschen, wenn sie vor Sonnenlicht, Staub und Feuchtigkeit geschützt sind. Ideal für alle Größen sind Regalteiler mit einzelnen Trennwänden, diese schützen auch empfindliches Material vor Reibung und Kratzern.

Handtaschenorganizer gibt es mit Haken oder mehreren Fächern. So können Taschen an der Stange im Kleiderschrank (oder anderswo) platzsparend und geschützt aufgehängt werden.

Schals und Tücher fühlen sich auf einem Bügel mit Querstange oder einem speziellen Schalbügel gut aufgehoben. Alternativ kannst du sie auch falten und in einer Schachtel oder Schublade unterbringen. Große, schwere Wollschals werden am besten gefaltet oder gerollt im Schrank oder einer Kommode aufbewahrt, damit sie nicht ausleiern.

Schmuck liebt es trocken und dunkel. Silberschmuck läuft an der Luft schnell an und direkte Sonneneinstrahlung tut weder Gold noch Silber gut. Zudem sind Schmuckstücke Einzelgänger: Achtlos mit anderem Schmuck in einem Schälchen aufbewahrt, entstehen kleine Kratzer. Gut geschützt ist Schmuck in einem Schmuckkästchen oder einer Schmuckrolle. Aber Achtung: Halsketten verheddern sich leicht, häufig genutzte Halsketten solltest du daher schließen und flach liegend oder hängend aufbewahren.

Gürtel können an einem Gürtelring oder Gürtelbügel platzsparend aufbewahrt werden. Leder- und Kunstledergürtel sollten, damit sie lange schön bleiben, möglichst nicht zusammengerollt werden.

Krawatten können liegend, hängend oder – von der schmalen zur breiten Seite hin – aufgerollt gelagert werden. Vor dem Verstauen aber unbedingt den Knoten lösen! Etwas empfindlicher sind Strickkrawatten, diese können durch das Aufhängen ihre Form verlieren.

Schuhe nicht übereinanderstapeln,

das führt zu Dellen und Falten. In transparenten Schuhboxen aus Kunststoff hast du sie immer im Blick. So lassen sich auch mehrere Paare im Schrank platzsparend unterbringen. Wenn dir die Originalkartons lieber sind: Klebe ein Foto von den Schuhen auf den Karton oder beschrifte ihn entsprechend, damit du deine Schuhe schnell wiederfindest.

Stiefel sollten aufrecht stehend aufbewahrt werden, um Knicke im Schaft zu vermeiden.

LIFE HACK

GUT AUFGESTELLT

Kleine Taschen fliegen gerne in SCHRÄNKEN und SCHUBLADEN herum und geraten oft in Vergessenheit. SCHÖN ORDENTLICH lassen sie sich in einem Topfdeckelhalter aufstellen, der für den PERFEKTEN Überblick sorgt. Der DECKELHALTER sortiert auch Unterlagen, Schals – und natürlich Topfdeckel!

LIFE HACK

SCHWIMMNUDELN ALS STANDHILFE FÜR STIEFEL UND TASCHEN

Eine Poolnudel auf die entsprechende Länge kürzen und wie einen Stiefelspanner in den Schaft stellen – so stehen die Stiefel aufrecht und bekommen keine Knicke. Für Handtaschen oder Shopper die Poolnudel auf eine spannungsgebende Länge kürzen und u-förmig (mit dem Bogen nach oben) in der Tasche platzieren. So sackt die Tasche nicht in sich zusammen und bleibt faltenfrei.

LIFE HACK

SO WIRD SILBERSCHMUCK WIEDER STRAHLEND SCHÖN

Silberschmuck wirkt durch eine dunkle Oxidschicht schnell unansehnlich. Auch größere Mengen an Silberstücken (Omas Silberbesteck!) kannst du mit Alufolie und Salz wieder auf Hochglanz bringen:

1 Wähle einen Kochtopf oder Schüssel in entsprechender Größe, sodass alle Stücke gut hineinpassen. Lege das Gefäß großzügig mit Alufolie aus.

2 Das zu reinigende Silber auf die Alufolie legen.

3 Einige Esslöffel Salz über die Silberstücke streuen und mit heißem Wasser bedecken. Bereits nach wenigen Minuten verschwinden die dunklen Verfärbungen.

4 Die Silberstücke anschließend mit Wasser und einem Spritzer Spülmittel abspülen, danach mit einem weichen Lappen trocken polieren.

PLATZ DA! KLEIDUNG IM SAISONQUARTIER

Saisonal nicht benötigte Garderobe aus dem Schrank in ein Winter- oder Sommerquartier auszulagern, schafft Platz. Ein kühler, trockener Keller ist zum Lagern besser geeignet als ein Dachboden, in dem sich im Winter feuchte Kälte oder im Sommer die Hitze staut.

Für die Lagerung gilt die DKST-Regel: dunkel, kühl, sauber und trocken. Dunkel heißt, dass die Kleidung nicht ausbleicht, ein kühler Lagerort schützt vor Ungeziefer und geringe Luftfeuchtigkeit vermeidet Schimmelbildung sowie unangenehmen Geruch. Vor dem Einlagern sollten alle Kleidungsstücke gewaschen oder gereinigt werden, das macht sie weniger anfällig für Mottenbefall. Je nach Saisonquartier gibt es verschiedene Optionen, Kleidung aufzubewahren.

KARTONS

Ideal für trockene Lagerräume. Bei anfälligen Kleidungsstücken (z.B. aus Wolle oder anderen tierischen Fasern) eventuell einen natürlichen Mottenschutz hinzufügen.

KUNSTSTOFFBOXEN

Dicht geschlossene Aufbewahrungsboxen verhindern zwar den Einzug von Ungeziefer, können aber im Inneren ein feuchtes Klima bilden. Das gleiche gilt für Plastikbeutel. Achte auf Kunststoffboxen mit Belüftungsschlitzen.

VAKUUMBEUTEL

Durch das Ventil am Beutel wird die Luft z. B. mit einem Staubsauger abgesaugt, der Inhalt wird komprimiert und kann nun platzsparend aufbewahrt werden. Nicht geeignet für die Vakuumierung sind

- Kleidungsstücke und Bettdecken mit Daunenfüllung
- Naturbelassene Wolltextilien

- Textilien mit Faserfüllung

Diese Materialien können durch die Vakuumierung verklumpen. Ebenfalls Vorsicht bei Garderobe mit Knöpfen, Reißverschlüssen oder Applikationen – durch den Pressvorgang können hartnäckige Druckstellen entstehen.

AUFBEWAHRUNGSTASCHEN

Meist aus flexiblem Kunststoff oder Vliesstoff und ideal für die staubfreie Aufbewahrung von saisonaler Kleidung und anderen Textilien. In vielen Formaten erhältlich, auch als Unterbettkommode.

KLEIDERSÄCKE

Die Schutzhüllen gibt es in verschiedenen Formaten und Längen, z. B. für feine Blusen/Hemden, Abendkleider, Anzüge, Jacken und Mäntel – für alles, was hängend aufbewahrt werden sollte.

STOFFBEUTEL

Gut geeignet für die staubgeschützte und hygienische Aufbewahrung von Schuhen und Taschen, aber auch für kleine Textilien wie Dessous, Strümpfe, Leggings oder Bademode.

ZEIT ZUM AUSSORTIEREN!

Es ist Zeit, sich zu trennen: von Kleidungsstücken, die man nie trägt oder die nicht mehr passen. So besiegst du die Trennungsangst: Starte mit einer Inventur.

⟶ **Was ist nicht mehr intakt? Lässt es sich reparieren?**

⟶ **Sortiere die Kleidungsstücke aus, die du schon mehr als ein Jahr nicht mehr getragen hast**

⟶ **Pieces mit einem Fragezeichen beiseitelegen – wenn du sie nach einigen Monaten nicht vermisst, dann weg damit!**

⟶ **Sortiere alles aus, was nicht mehr passt und du nicht weiter oder enger machen kannst**

Benutze die EINTRAGELISTEN aus dem Downloadcenter als Hilfsmittel! Du findest sie unter www.topp-kreativ.de/digi-bib

WOHIN MIT KLEIDUNGSSTÜCKEN, DIE AUSSORTIERT WERDEN MÜSSEN?

Gut erhaltene Stücke sind viel zu schade, um auf dem Müll zu landen.

- Motiviere Freunde, Freundinnen und Familienmitglieder, ebenfalls Inventur zu machen und veranstalte einen Tauschabend

- Biete gut erhaltene Kleidung auf dem Flohmarkt an

- Bringe gut erhaltene Kleidung in einen Secondhandladen

- Biete gut erhaltene Kleidung bei Kleidertauschbörsen oder Verkaufsplattformen im Internet an

- Spende gut erhaltene Kleidung für karitative Zwecke

- Bringe ausgediente Kleidungsstücke zum Altkleidercontainer

- Einige Textilhandelsketten bieten die Rücknahme von Altkleidung an. Die Textilien werden jedoch meist durch einen externen Dienstleister weiterverwertet

- Überlege, welche Klamotten upcycling-tauglich sind: Aus Hemd oder Hose wird dann beispielsweise ein Rock oder eine Tasche

- Verschlissene oder stark verschmutzte Stücke kannst du zu Putzlappen weiterverarbeiten

QUALITÄTSSIEGEL FÜR TEXTIL-RECYCLING

Seit 2013 vergibt der Bundesverband Sekundärrohstoffe und Entsorgung das bvse-Qualitätssiegel für das Textilrecycling. Die teilnehmenden Mitgliedsunternehmen haben sich verpflichtet, für Transparenz bei der Sammlung, nachvollziehbare Verwertungswege und den Schutz der Umwelt zu sorgen. Die abgegebenen Kleidungsstücke werden so weit wie möglich als Secondhandkleidung wiederverwendet. Kleidung, die nicht mehr tragbar ist, wird hochwertig verwertet. Das Siegel findet sich bundesweit sowie in Österreich auf Tausenden von Altkleidercontainern.

AUSSORTIERT ZUR WIEDERVERWENDUNG

Kleidungsstücke zur Abgabe an Altkleidersammlungen und zum Einwurf in Sammelcontainer sollten in einem ordentlichen, tragbaren Zustand sein und gewaschen abgegeben werden. Schuhe und Stiefel immer paarweise zusammengebunden einwerfen.

KOSTBARE SAMMLERSTÜCKE

LIFE HACK

Bevor etwas beim Ausmisten weggeworfen wird, sollte es sorgfältig überprüft werden. Knöpfe, Stopper, Kordeln, Schließen, Trageriemen oder Taschengriffe können schnell ins Geld gehen, wenn man sie neu kaufen muss. Die kleinen Kostbarkeiten unbedingt vor dem Müll retten und ins Nähkästchen legen.
Nicht vergessen: Bei Kleidungsstücken sind häufig Ersatzknöpfe am Wäscheetikett aufgenäht. Und das Knopflochgummi von abgetragenen Kinderhosen kann zum platzsparenden Aufhängen von Kleiderbügeln verwendet werden.

AUSBESSERN UND REPARIEREN

Ein Fleck, der sich partout nicht auswaschen lässt, ein Fadenzieher im Lieblingspulli oder ein Loch, das vorher noch nicht da war: Alles kein Grund, um sich zu trennen! Es gibt verschiedene Tipps und Tricks, kleine Makel auszubessern.

PILLING MIT DEM RASIERER ENTFERNEN

Sie entstehen durch Reibung, beim Waschen oder durch Bewegung: kleine Knötchen und Fusseln, genannt Pilling. Besonders anfällig für Pilling ist Wolle, aber auch Baumwoll-Synthetik-Gemische. Je kürzer die Materialfasern, desto schneller bilden sich die unschönen Knötchen im Gewebe. Diese lassen sich jedoch ganz einfach entfernen – entweder mit speziellen Fusselrasierern oder mit einem herkömmlichen Rasierer. Dazu den Stoff flach hinlegen und straffziehen. Nun den Rasierer sanft und ohne Druck über das Pilling ziehen, bis es sich gelöst hat.

FLECKE ODER RISSE KASCHIEREN

Wie wäre es mit einer Applikation (zum Aufnähen oder Aufbügeln), um einen unansehnlichen Fleck oder eine geflickte Stelle zu kaschieren?

FADENZIEHER REPARIEREN

Eine kleine Unachtsamkeit, schon ist es passiert: Ein Ziehfaden oder lose Masche ragt als kleine Schlaufe aus dem Stoff – aber das lässt sich im Nu ausbessern! Dafür gibt es im Handel sogar spezielle Tools. Damit können auch kleinste Fädchen zurück auf die linke Stoffseite geholt werden. Oder du fängst den Faden z. B. mit einer dünnen Häkelnadel wieder ein.

Ganz viele ANLEITUNGEN zum Ändern, Reparieren und Umarbeiten von Kleidungsstücken findest du in den nächsten Kapiteln dieses Buches!

ZAHN UM ZAHN

Geht ein Reißverschluss ständig auf, liegt es meist am ausgeleierten Schieber. Metallschieber können mit einer Zange sanft zusammengedrückt werden, dann schließen die Zähne des Reißverschlusses wieder. Einen fehlenden oder abgebrochenen Schiebergriff kannst du zur Not z. B. mit einer Sicherheitsnadel oder einer Büroklammer ersetzen.

WENN ES MAL WIEDER KNEIFT …

LIFE HACK

Bra Extenders schaffen Abhilfe, wenn der BH zu eng anliegt. Die BH-Verlängerer werden in den Haken-Ösen Verschluss des BHs eingehakt, der Unterbrustbereich sitzt dann wieder komfortabel. Ähnliche Einsätze gibt es für Hosen oder Röcke, die so bis zu mehreren Zentimetern erweitert werden können.

REPARIEREN

KNÖPFE ANNÄHEN

WAS WIRD BENÖTIGT?

- Nähnadel
- Nähgarn
- Ersatzknopf

ANLEITUNG

1 Einen ca. 20 cm langen Nähfaden abschneiden und in die Nadel einfädeln. Beide Enden miteinander verknoten. An der Knopfposition den Stoff von unten nach oben mit der Nadel durchstechen und am Faden ziehen, bis der Knoten festsitzt.

2 Den Knopf auf die Nadel fädeln und die Nadel durch das nächste Loch im Knopf zurückfädeln. Neben dem ersten Stich wieder auf die Rückseite des Stoffes zurückstechen und den Faden festziehen.

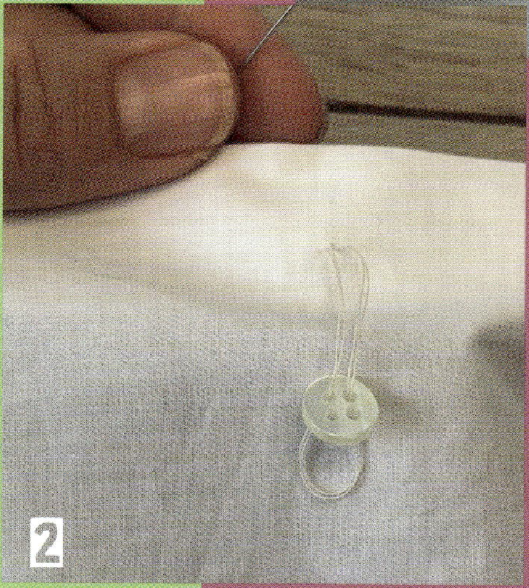

3 Den Vorgang mit den beiden anderen Löchern im Knopf wiederholen: Nun von unten nach oben durch das Loch vom Knopf stechen.

4 Durch das gegenüberliegende Loch im Knopf zurückstechen. Diesen Arbeitsgang mehrmals wiederholen, bis der Knopf festsitzt.

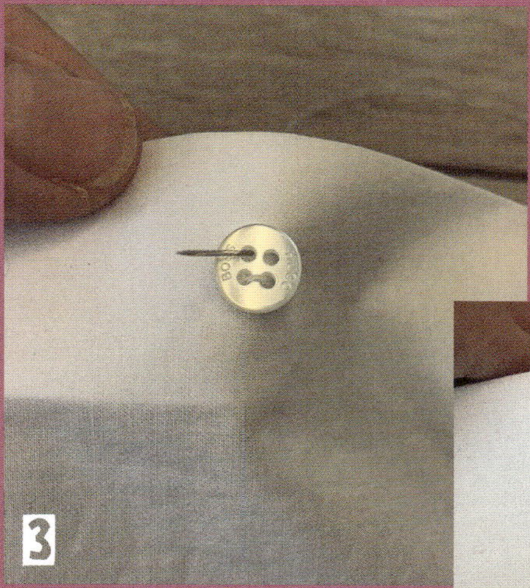

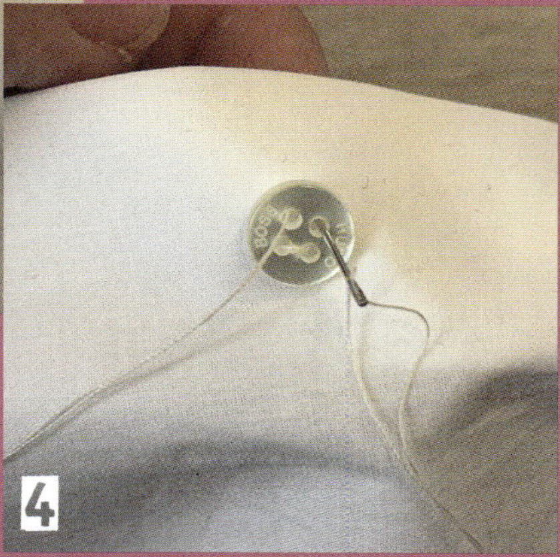

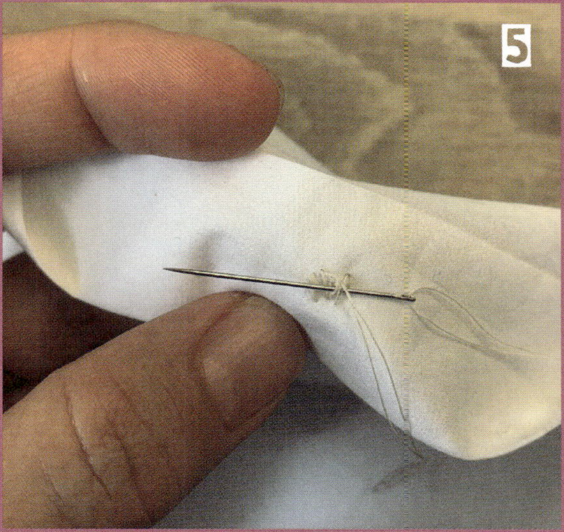

5 Auf der linken Stoffseite enden, den Faden vernähen und abschneiden.

WEITERE OPTIONEN ZUM ANNÄHEN

Parallel
Über Kreuz
Blumenstich
Mehrfarbig

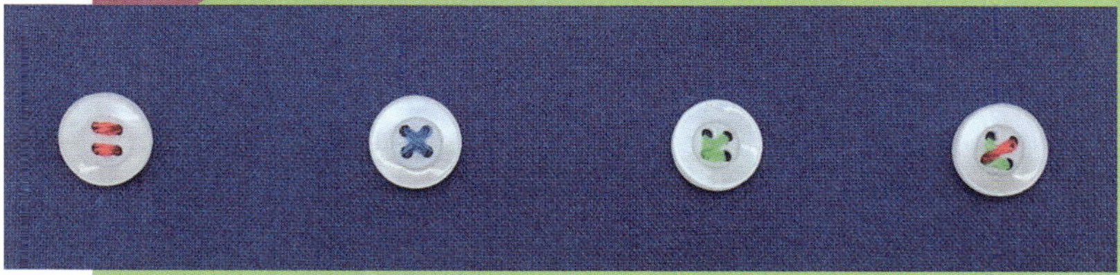

LÖCHER KLASSISCH STOPFEN

WAS WIRD BENÖTIGT?

- Stopfgarn
- Stopfnadel (alternativ eine normale Nähnadel)
- Stopfpilz (alternativ ein kleiner Ball)

VORHER

NACHHER

ANLEITUNG

1 Den Strumpf oder das zu stopfende Kleidungsstück über einen Stopfpilz – oder über einen kleinen Ball – ziehen und befestigen. Einen längeren Faden in die Nadel einfädeln. Mit größerem Abstand im noch intakten Bereich die Nadel an der unteren rechten Ecke einstechen. Das Fadenende stehen lassen, dieses wird später vernäht.

1

2 Mit der Nadel neben der zu stopfenden Stelle zur Fadensicherung mehrmals auf- und abstechen. Den gleichen Arbeitsschritt nochmals in Rückrichtung durchführen.

3 Wieder im unteren Bereich angekommen, werden nun die sogenannten Kettfäden gespannt. Dafür mit der Nadel oben einstechen und den ersten Kettfaden spannen.

Wählt man den Faden im **FARBTON** des **KLEIDUNGSSTÜCKES**, dann ist die gestopfte Stelle **KAUM** sichtbar.

Mit einem **KONTRASTFARBIGEN** Faden wird die gestopfte Stelle **DEKORATIV** und auffällig.

4 Anschließend die Nadel wieder nach unten führen, einstechen und den zweiten Kettfaden spannen. Je kleiner die Abstände, umso enger wird das Loch gestopft. Aber Achtung – werden die Kettfäden zu eng gelegt, ist es später schwieriger, die sogenannten Schussfäden durchzufädeln.

5 Die Kettfäden werden so lange über das gesamte Loch gespannt, bis wieder ein intakter Bereich vorhanden ist. Den Faden durch mehrmaliges Auf- und Abstechen der Nadel im intakten Bereich links der Kettfäden sichern, dann nochmals den Faden in die andere Richtung auf die gleiche Weise sichern. Den Faden stehen lassen.

6 Einen neuen Faden in die Nadel einfädeln. Dieser wird für die sogenannten Schussfäden verwendet. Mit der Nadel erneut mit größerem Abstand einstechen und an der oberen rechten Ecke im intakten Gewebe wieder ausstechen. Den Faden wie bei Schritt 2 durch mehrmaliges Ein- und Ausstechen der Nadel sichern.

7 Jetzt wird der Schussfaden durch die Kettfäden geführt: Dabei liegt immer ein Faden oben und ein Faden unten – so lange, bis das Ende der Reihe erreicht ist. Dort den Faden mit 2 Stichen im intakten Gewebe sichern.

Wenn du mit einer **NORMALEN** Nadel arbeitest, kannst du beim **DURCHFÄDELN** der Schussfäden durch die Kettfäden die Nadel mit dem Nadelöhr **NACH VORN** gerichtet verwenden.

8 Nun wird der Faden wieder zurückgeführt. Dabei darauf achten, dass genau entgegengesetzt gefädelt wird. Was vorher oben war, ist jetzt unten – und andersherum.

9 In dieser Arbeitsweise weiterarbeiten, bis das untere Ende erreicht ist. Den Faden wieder, wie bei Schritt 2, durch Auf- und Abstechen der Nadel im intakten Gewebe sichern. Den Faden nach hinten auf die linke Seite stechen und stehen lassen.

10 Den Strumpf bzw. das Kleidungsstück vom Stopfpilz oder Ball entfernen und auf links wenden. Die Fäden vernähen, dabei die Nadel mehrmals auf und ab in Richtung des gestopften Bereichs stechen. Den Faden durchziehen und abschneiden.

LÖCHER DEKORATIV REPARIEREN

Neben dem klassischen Stopfen gibt es weitere Techniken, um beschädigtes Gewebe auch dekorativ auszubessern.

WAS WIRD BENÖTIGT?

- Stickgarn
- Nähnadel
- Stickrahmen (falls vorhanden)

STERNFORM STOPFEN – IDEAL FÜR KLEINE LÖCHER

VORHER

NACHHER

ANLEITUNG

1 Das eingerissene Kleidungsstück auf einen kleinen Stickrahmen spannen. Nun um das Loch herum 6 Punkte im gleichen Abstand zueinander und zur Mitte anzeichnen. Je größer die Abstände zum Loch, desto größer wird der fertige Stern.

2 Einen ca. 80 cm langen Stickfaden in die Nähnadel einfädeln und das Ende verknoten. Mit der Nadel von unten nach oben durch die erste Markierung stechen. Eine Markierung überspringen, dann mit der Nadel von oben nach unten einstechen und durch die dazwischenliegende Markierung wieder nach oben stechen.

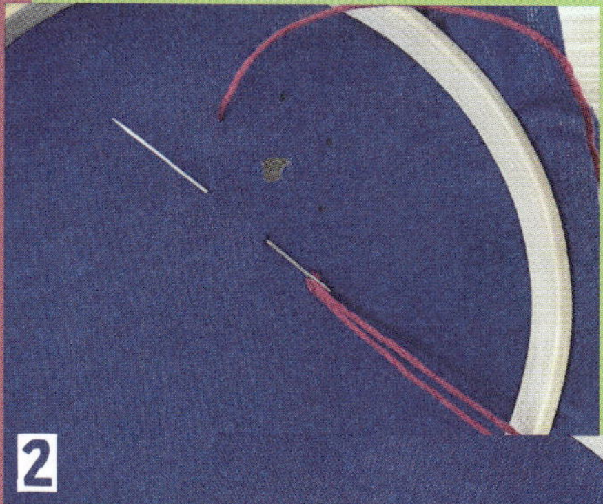

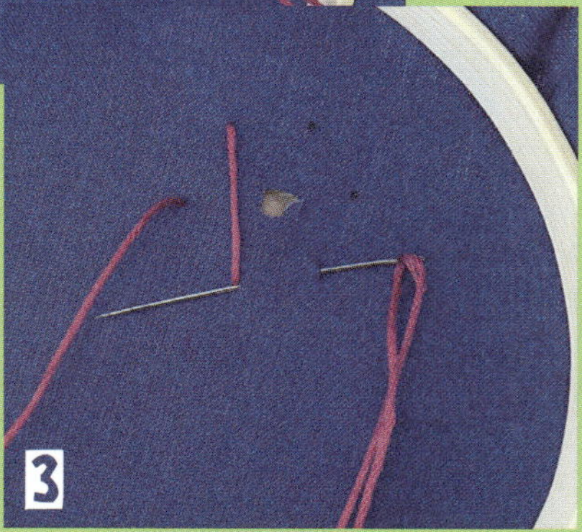

3 Im nächsten Schritt wieder eine Markierung überspringen und in die nächste Markierung von oben nach unten einstechen, dann erneut von unten nach oben durch die dazwischenliegende Markierung stechen. Diesen Schritt so lange wiederholen, bis der erste Einstichpunkt wieder erreicht ist.

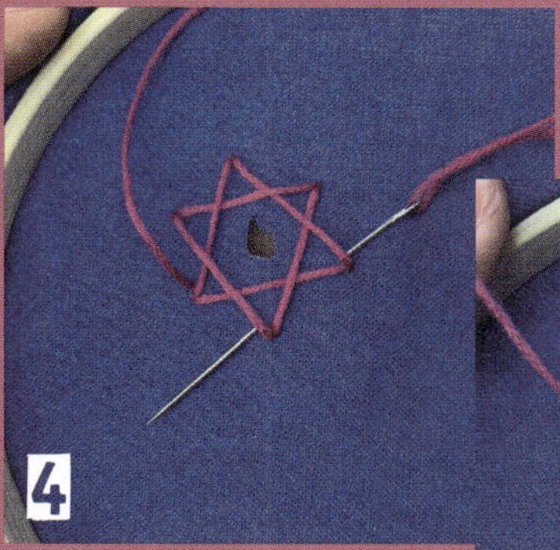

4–5 Die zweite Runde wird genauso gearbeitet, nur wird nicht in die Spitze, sondern leicht versetzt neben der Spitze in Richtung des Loches eingestochen.

6 Diesen Arbeitsgang so lange wiederholen, bis das Loch vollständig mit Stickfäden bedeckt ist. Nach dem letzten Stich liegt der Faden auf der linken Stoffseite.

7 Den Faden vernähen und abschneiden.

LÄNGLICHE RISSE STOPFEN – GUT GEEIGNET ZUM AUSBESSERN VON KLEIDUNGSSTÜCKEN

ANLEITUNG

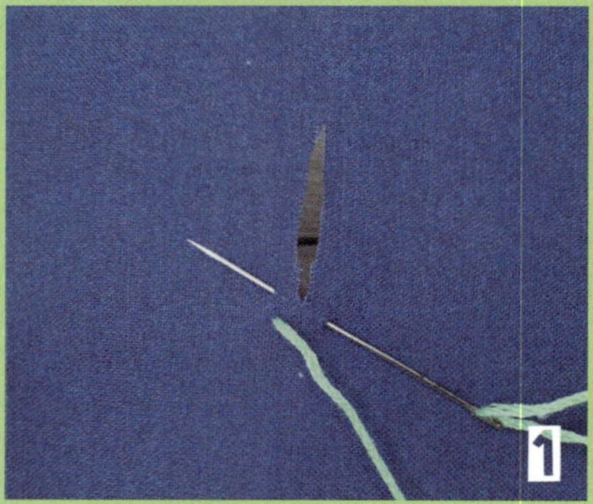

1 Einen ca. 50 cm langen Stickfaden in die Nähnadel einfädeln und das Ende verknoten. Mit der Nadel von der linken Stoffseite aus an der unteren rechten Ecke nach oben stechen, dann ca. 7–8 mm daneben nach unten stechen. Den Faden auf der linken Stoffseite nach links führen und 3–4 mm oberhalb des ersten Einstichs wieder nach oben stechen.

2 Die Arbeitsschritte wiederholen, bis das Ende des Risses ca. 5–6 mm überdeckt ist. Der letzte Stich sollte genau mittig vom Schlitz und mit einem doppelt gelegten Faden enden. Ab jetzt wird zweifädig weitergearbeitet, das verleiht der Stickerei mehr Volumen.

3 Der Faden wird nun von unten nach oben durch den ersten Leiterstich geführt. Achtung, dabei nicht durch den Stoff stechen!

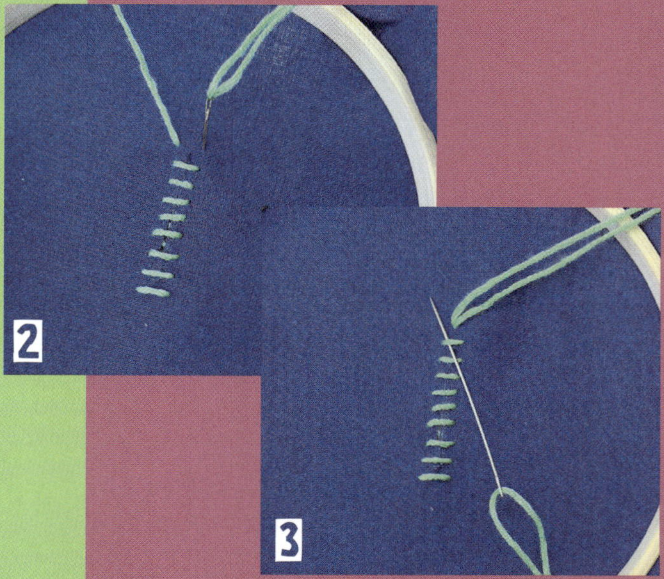

4 Den Faden nach unten legen und mit den Fingern leicht festhalten. Mit der Nadel den Faden von oben nach unten durch den gleichen Leiterstich führen. Die Nadel liegt nun oberhalb des Fadens.

5 Den Faden festziehen.

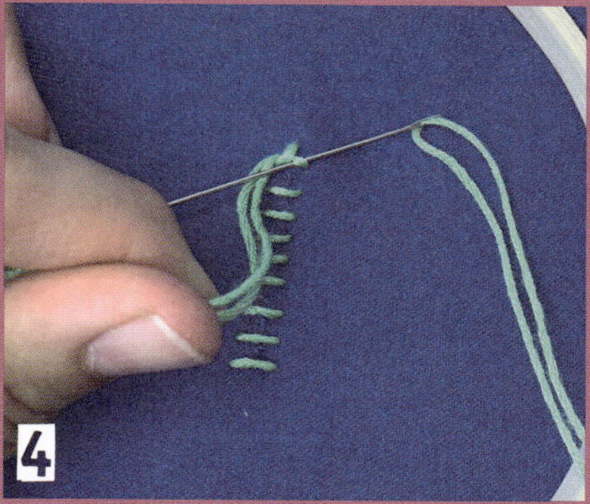

6 Für den nächsten Stich die Nadel wieder durch den zweiten Leiterstich von unten nach oben führen und festziehen.

7 Schritt 4 und 5 wiederholen.

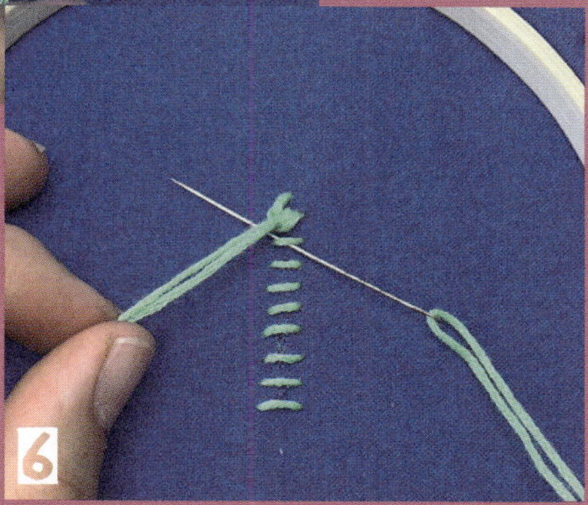

8 Die Schritte 3–5 wiederholen, bis alle Leiterstiche verarbeitet sind. Beim letzten Stich wird der Faden nur nach hinten auf die linke Stoffseite geführt.

9 Den Faden auf der Rückseite vernähen.

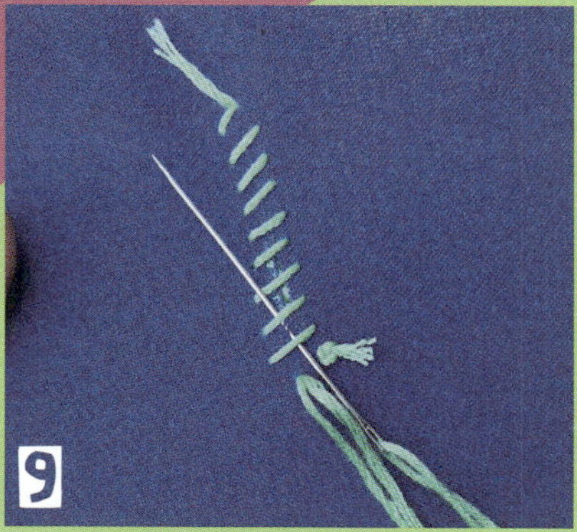

RECHTECK STICKEN – IDEAL FÜR GRÖSSERE LÖCHER

ANLEITUNG

VORHER

NACHHER

1 Einen ca. 100 cm langen Stickfaden in die Nähnadel einfädeln und das Ende verknoten. Mit der Nadel von der linken Stoffseite aus an der unteren linken Ecke einstechen. Den Faden nach oben führen, an der rechten unteren Ecke wieder nach unten und anschließend an der oberen rechten Ecke erneut nach oben führen.

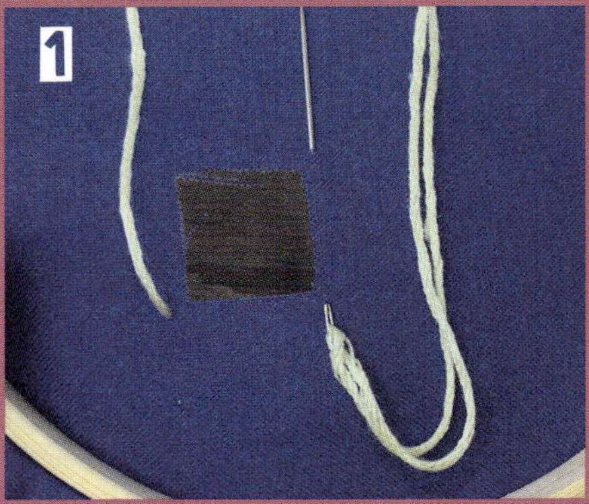

2 Den Faden durchziehen. Die Nadel an der unteren rechten Ecke einstechen und an der oberen rechten Ecke von unten nach oben stechen. Den Faden durchziehen.

3 Den Arbeitsschritt so lange wiederholen, bis ein Viereck entstanden ist.

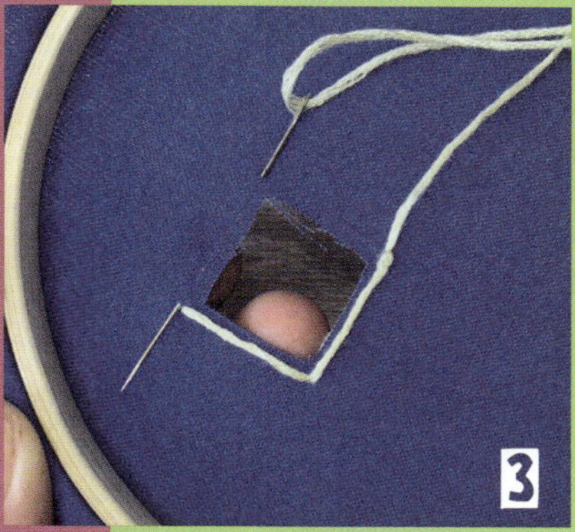

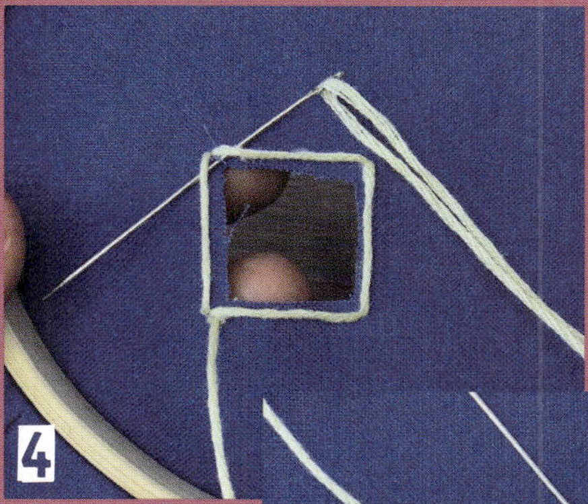

4 Die Nadel nun – entlang des bereits genähten Außenfadens neben der Ecke – nach oben einstechen und auf der anderen Seite der Ecke erneut nach oben stechen.

5 Diesen Arbeitsgang entgegen dem Uhrzeigersinn wiederholen.

6 Sobald das Loch in der Mitte verschlossen ist, endet der Faden auf der linken Stoffseite.

7 Den Faden auf der linken Stoffseite vernähen.

UNSICHTBAR VERNÄHT MIT DEM MATRATZENSTICH

Eine aufgeplatzte Naht lässt sich mit dem Matratzenstich (auch Zaubernaht oder Leiterstich genannt) ausbessern – und das quasi unsichtbar, denn der Faden liegt bei dieser Naht innen. Genäht wird von der rechten Stoffseite.

ANLEITUNG

1 Die Nadel von unten ein- und oben im Stoffbruch wieder ausstechen.

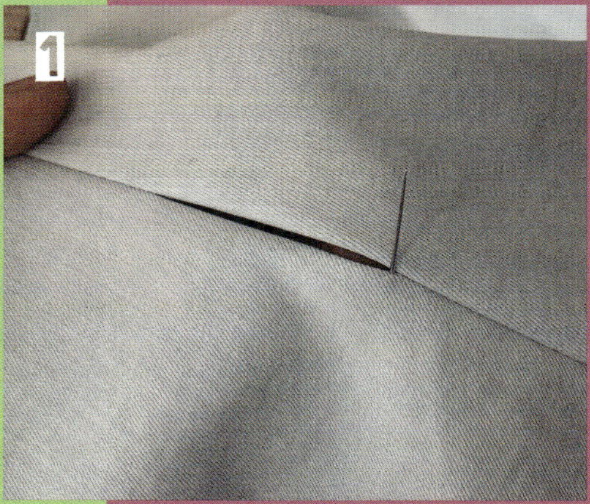

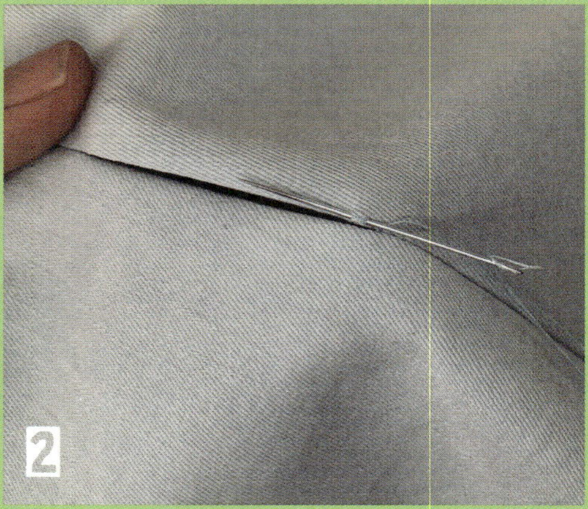

2 Nun in die gegenüberliegende Bruchkante einstechen und nach einer Stichlänge von rund 6 mm wieder ausstechen.

3 Wiederholen, bis die Öffnung geschlossen ist.

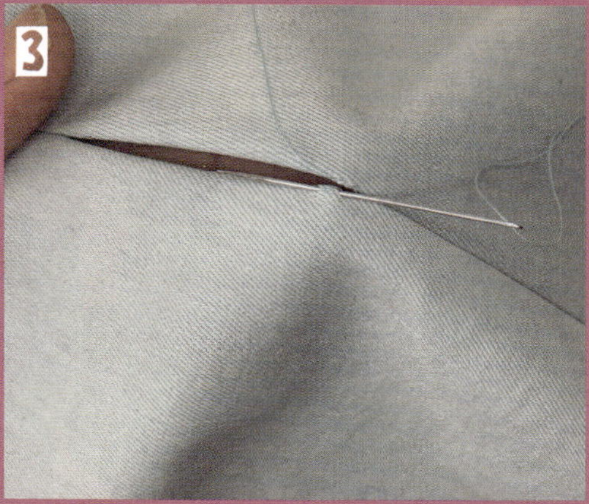

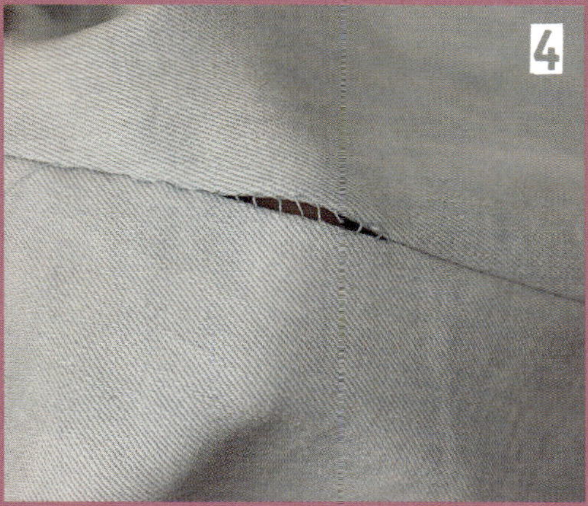

4 Beim letzten Stich auf der linken Stoffseite enden und den Faden vernähen.

LÖCHER IN T-SHIRTS UNSICHTBAR REPARIEREN

WAS WIRD BENÖTIGT?

- Nadel
- Nähgarn
- Lupe (bei Bedarf)

VORHER

NACHHER

ANLEITUNG

1 Einen ca. 30 cm langen Nähfaden abschneiden, in die Nadel einfädeln und das Ende verknoten. Auf der linken Stoffseite seitlich des Loches mit der Nadel einstechen und den Faden durchziehen, bis der Knoten festsitzt. Achtung, dabei nicht durch den Stoff stechen, sondern nur oberflächlich einen Faden mitfassen.

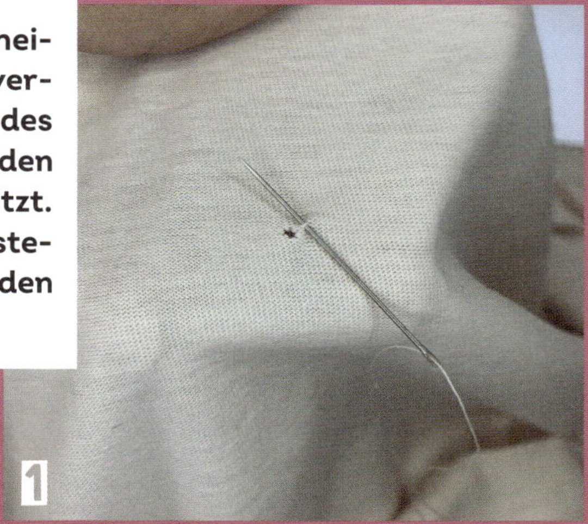

1

2 Auf die gleiche Art eine Runde um das Loch nähen – also immer nur oberflächlich einstechen.

3 Durch leichtes und vorsichtiges Ziehen am Faden das Loch zusammenziehen. So lange ziehen, bis auf der rechten Stoffseite kein Loch mehr sichtbar ist.

4 Nicht zu fest zusammenziehen, das lässt die Reparatur auffälliger erscheinen.

5 Auf der linken Stoffseite den Faden 2x vernähen.

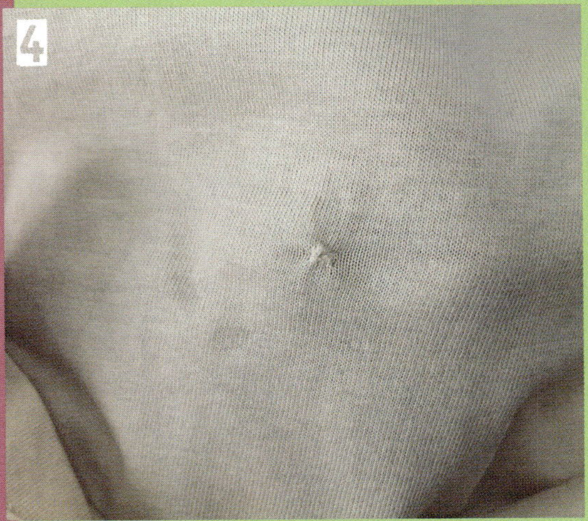

LÖCHER IN EINER JEANS REPARIEREN

WAS WIRD BENÖTIGT?

- Nähmaschine
- Nähgarn
- Reststück Stoff (Jeans oder anderes Gewebe)
- Wonder Tape (doppelseitiges Klebeband zum Nähen, z. B. von Prym)

VORHER

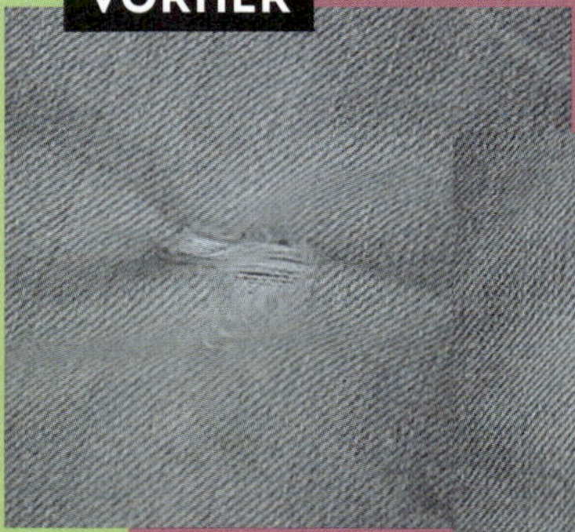

NACHHER

ANLEITUNG

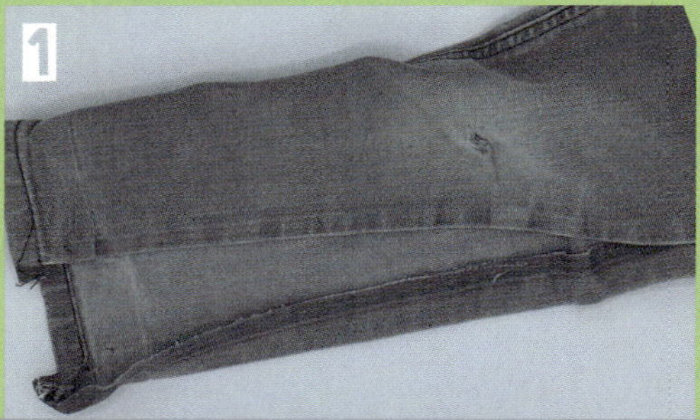

1 Den Jeanssaum an der Seitennaht rechts und links ca. 3 cm auftrennen. Die Seitennaht bis ca. 10 cm oberhalb des Loches auftrennen.

2 Ein Stück Reststoff so zuschneiden, dass es ca. 3–4 cm größer als das Loch ist. Auf die linke Stoffseite des Reststücks mittig ein Stück Wonder Tape kleben, dies erleichtert die Positionierung des Stoffstücks unter dem Loch.

3 Das Trägerband vom Wonder Tape abziehen und auf der linken Stoffseite der Jeans mittig auf die zu reparierende Stelle kleben.

4 Die Jeans mit der rechten Stoffseite nach oben unter den Nähfuß legen und mehrfach hin und her nähen. Die Jeans um 90° drehen und erneut mehrfach hin und her nähen. Bei einem stark ausgefransten Loch kann nochmals diagonal hin und her genäht werden.

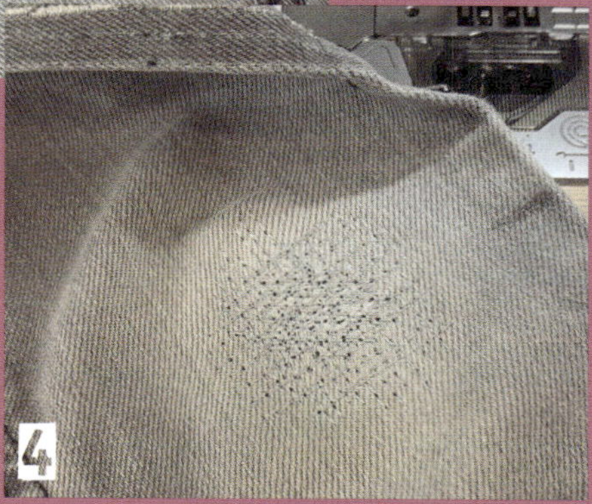

5 Den überstehenden Stoff auf der linken Seite der Jeans knappkantig neben den Nähten zurückschneiden.

6 Die Seitennaht mit einem Geradstich schließen.

7 Die Seitennaht mit einem Versäuberungsstich der Nähmaschine oder alternativ mit der Overlockmaschine versäubern.

8 Den Saum in der gleichen Naht wie zuvor aufgetrennt absteppen.

REPARATUR IM SCHRITTBEREICH

WAS WIRD BENÖTIGT?

- Nähmaschine
- Nähgarn
- Reststück Stoff (Jeans oder anderes Gewebe)
- Wonder Tape (doppelseitiges Klebeband zum Nähen, z. B. von Prym)

VORHER

NACHHER

ANLEITUNG

1 Ein Stück Reststoff so zuschneiden, dass es ca. 3–4 cm größer als die zu reparierende Stelle ist. Auf die linke Stoffseite des Reststücks mittig ein Stück Wonder Tape kleben, dies erleichtert die Positionierung des Stoffstücks unter dem Loch. Das Trägerband vom Wonder Tape abziehen und auf der linken Stoffseite der Jeans mittig auf das Loch kleben. Im Schrittbereich liegt die zu reparierende Stelle häufig neben der Naht.

1

2 Die Jeans mit der rechten Stoffseite nach oben zeigend unter den Nähfuß legen. Jetzt mehrfach hin und her nähen. Die Jeans um 90° drehen und nochmals mehrfach hin und her nähen. Im Schrittbereich gern etwas häufiger hin und her nähen, da das Material hier einer großen Belastung und Dehnung ausgesetzt ist. Den überstehenden Stoff auf der linken Seite der Jeans knappkantig neben den Nähten zurückschneiden.

GUMMIBAND AUSTAUSCHEN

WAS WIRD BENÖTIGT?

- Nähmaschine
- Nähgarn
- Gummiband in der passenden Breite (Tipp: max. 5 mm schmaler als der Bund)

DURCHGEZOGENES STATT ANGENÄHTEM GUMMIBAND BEI ANGESCHNITTENEM BUND

VORHER

NACHHER

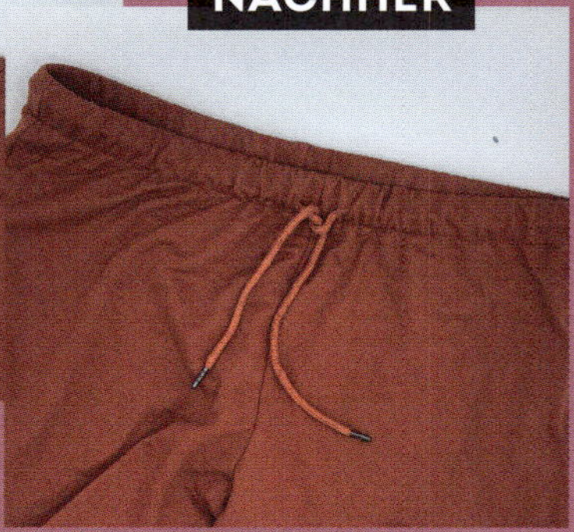

Bei diesem Beispiel wird der 5 cm breite Gummibund in einen 3 cm breiten Gummibund abgeändert. Dadurch wird etwas Bundhöhe gewonnen, die Hose sitzt dann höher in der Taille. Ein weiterer Vorteil: Da das Gummiband nur durchgezogen und nicht an den Bund angenäht und durchgesteppt wird, kann es jederzeit wieder ausgetauscht oder auch enger oder weiter gemacht werden, ohne jedes Mal den ganzen Bund auftrennen zu müssen.

ANLEITUNG

1 Eine eventuell vorhandene Kordel entfernen. Zuerst die Steppnähte am Gummibund auftrennen, anschließend das Gummiband abtrennen.

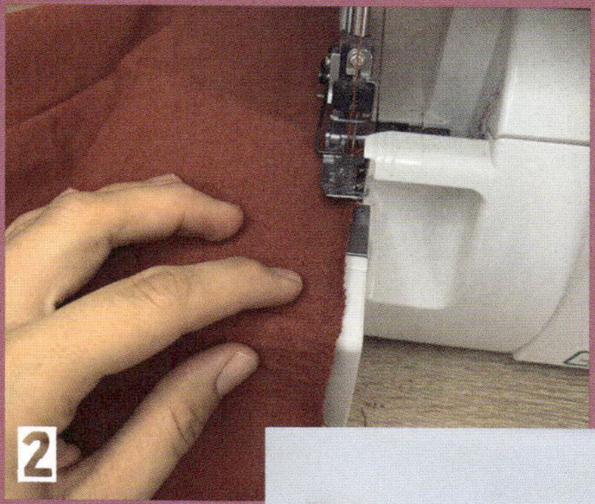

2 Die Bundunterkante mit der Overlockmaschine versäubern.

3 Den Bund 4 cm umbügeln.

4 Die Bundoberkante im Abstand von 3,5 cm absteppen. An der hinteren Mitte rechts und links ca. 3 cm offen lassen.

5 Das neue Gummiband passend zum eigenen Körpermaß plus ca. 5 cm Mehrlänge ablängen. Das Gummiband mithilfe einer Sicherheitsnadel über die Öffnung an der hinteren Mitte in den Bund einziehen. Die Enden mit einer Sicherheitsnadel provisorisch auf die gewünschte Länge zusammenstecken und das Kleidungsstück anprobieren. Die Länge des Gummibands kann jetzt noch verändert werden.

6 Das Gummiband an der mit der Sicherheitsnadel markierten Stelle zusammennähen, dabei die Enden überlappend nähen, damit das Band schön flach liegt.

7 Die verbleibende Öffnung an der hinteren Mitte absteppen.

8 Die Kordel mithilfe einer Sicherheitsnadel wieder einfädeln.

9 Das Gummiband und die Kordel gleichmäßig über die gesamte Weite verteilen. Kordel und Gummiband genau an der hinteren Mitte in der Naht festnähen, dadurch kann sich das Gummiband später nicht verdrehen und die Kordel beim Waschen nicht ausgefädelt werden.

VARIANTE: ANGESCHNITTENER BUND MIT ANGENÄHTEM GUMMIBAND

1 Die Kordel (falls vorhanden) entfernen. Zuerst die Steppnähte am Gummibund auftrennen, anschließend das Gummiband abtrennen.

2 Das neue Gummiband auf die gewünschte Länge ablängen und die Enden überlappend zusammennähen, um einen Ring zu bilden.

3 Das Gummiband mit leichtem Zug mit der Overlockmaschine an die Bundunterkante annähen. Den Bund mit dem angenähten Gummiband nach innen umschlagen. Die vorher aufgetrennten Steppnähte werden nun neu genäht, dabei das Gummiband immer leicht auf Spannung halten.

4 Zur Fertigstellung die Kordel mithilfe einer Sicherheitsnadel wieder einziehen.

JEANS IM USED-LOOK REPARIEREN

WAS WIRD BENÖTIGT?

- Stickgarn in der gewünschten Farbe (je nach Anzahl und Größe der Löcher variiert die benötigte Menge)
- Nähnadel
- Nähmaschine
- Nähgarn, farblich passend zur Jeans

VORHER

NACHHER

VORARBEITEN

1 Die Jeans an der Seitennaht auftrennen, sodass die Löcher mit dem Nähfuß erreichbar sind. Die abgerissenen Fäden abschneiden.

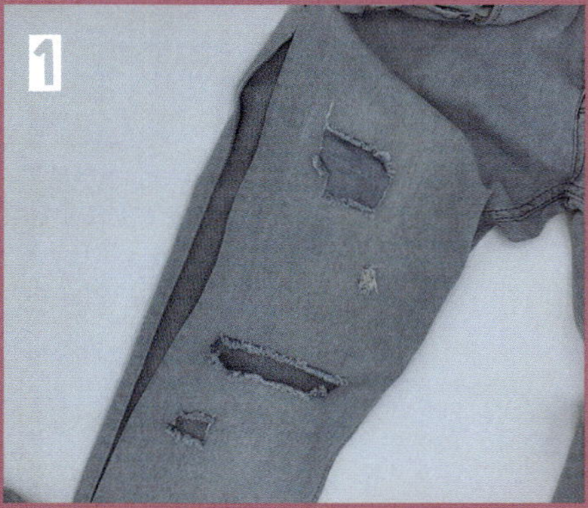

LÖCHER OHNE UNTERLEGTEN STOFF

2 Mit der Nähmaschine rechts und links der Löcher mit einem Abstand von ca. 1 cm eine Hilfsnaht nähen. Je größer die Sticheinstellung, umso weiter liegen später die eingezogenen Fäden auseinander. Je kleiner der eingestellte Stich, umso enger liegen die Fäden zusammen. Im gezeigten Beispiel wurde mit 2,5 Stichen pro cm genäht.

3 Die Jeans auf links drehen. Circa 50 cm Stickgarn abschneiden. Je nach Größe des Loches wird ein längerer oder kürzerer Faden benötigt. Das Stickgarn (6-fädig) halbieren, sodass es dünner wird. Es kann jedoch auch 6-fädig gearbeitet werden, dann sind die Fäden etwas dicker. Den Faden durch den zweiten Nähmaschinenstich stechen und mit dem Nähgarn verknoten.

4 Das Stickgarn zur anderen Seite des Loches führen und durch den ersten Nähmaschinenstich fädeln, dann durch den zweiten Nähmaschinenstich zurückfädeln.

5 Wieder auf der anderen Seite angekommen, mit der Nadel durch den zweiten Nähmaschinenstich fädeln und wieder zurück durch den dritten Stich.

6 In der gleichen Weise weiterarbeiten, bis der letzte Nähmaschinenstich durchfädelt ist. Das Fadenende verknoten.

LÖCHER FLICKEN MIT UNTERLEGTEM STOFF

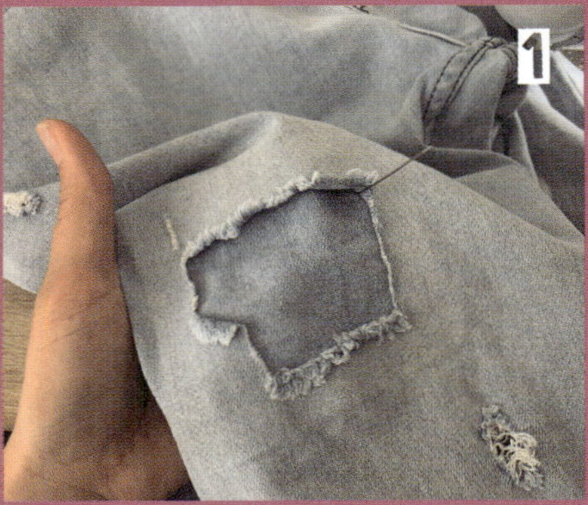

1 Auch hier wieder das Stickgarn vorbereiten und einfädeln. Das Fadenende verknoten. Die Jeans bleibt auf rechts gedreht. Mit der Nadel von unten nach oben durch den unterlegten Stoff stechen. Dabei die obere Lage der Jeans etwas beiseitelegen.

2 Das Stickgarn auf die andere Seite des Loches führen und mit der Nadel von oben nach unten, dann von unten nach oben einstechen und den Faden durchziehen. Je enger hier eingestochen wird, umso mehr liegen die Fäden aneinander, je weiter auseinander gestochen wird, desto weniger Fäden werden für das Loch benötigt.

3 Auf die gleiche Weise wird nun immer hin und her gestochen, bis das Loch geschlossen ist.

FERTIGSTELLUNG BEIDER VARIANTEN

Die Hose wieder auf links drehen und die Seitennaht mit einem Geradstich schließen. Dieses Beispiel hat 2 separat versäuberte Schnittkanten. Sollte das nicht der Fall sein, wird die geschlossene Seitennaht nochmals mit einem Overlockstich der Nähmaschine oder direkt mit der Overlockmaschine versäubert. Falls der Saum aufgetrennt werden musste, wird dieser nun geschlossen.

Bei **STRETCHJEANS** müssen die Stickfäden etwas **LOCKERER** gelegt werden, damit die Fäden beim Tragen der Hose nicht reißen.

SWEATJACKEN-REISSVERSCHLUSS REPARIEREN

VORHER

NACHHER

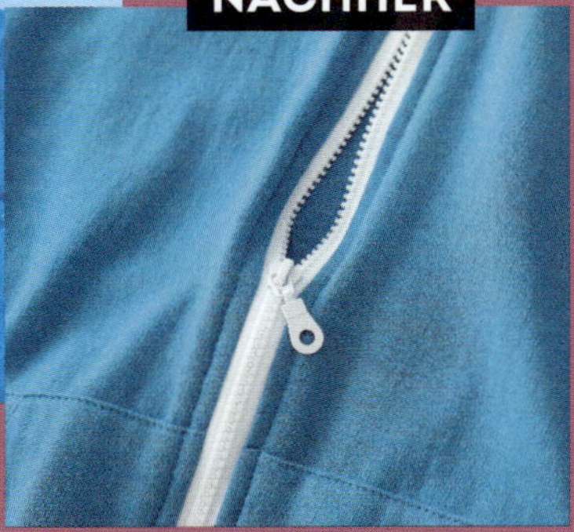

WAS WIRD BENÖTIGT?

- Teilbarer Reißverschluss in der gewünschten Länge
- Nähmaschine
- Nähgarn

1 Den Reißverschluss aus der Jacke heraustrennen. Falls innen ein Einfassband vernäht wurde, muss dieses ebenfalls herausgetrennt werden. Sofern gewünscht, kann das Band später wieder eingenäht werden. Bei diesem Beispiel wurde auf das Einfassband verzichtet. Die Kapuze am Halsloch ca. 5–6 cm auftrennen.

2

2 Eine Seite des Reißverschlusses auf der rechten Stoffseite an die vordere Kante legen. Das obere Endstück liegt dabei ca. 0,7–1,0 cm von der Halslochkante entfernt. Die Zähnchen des Reißverschlusses zeigen Richtung Vorderteil, das Reißverschlussband liegt Richtung Schnittkante. Den Reißverschluss mit dem Reißverschlussfüßchen annähen.

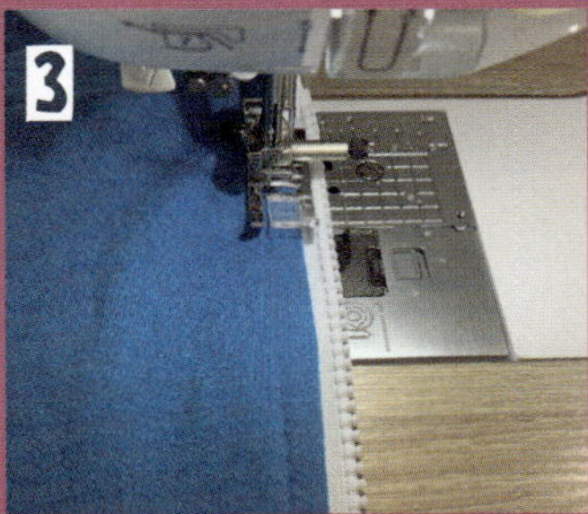

3 Den Reißverschluss umlegen und von der rechten Seite absteppen. Häufig sind noch die Einstichlöcher zu sehen. Die Reparatur erscheint weniger auffällig, wenn in dieser alten Naht abgesteppt wird.

4 Den Reißverschluss schließen und an der Taschennaht sowie der Saumnaht eine Markierung mit einer Nadel oder einem Bleistift setzen.

5 Das noch nicht genähte Reißverschlussbändchen an die andere Seite der Jacke heften. Dabei die Markierungen exakt auf den Nahtstellen positionieren. Den Reißverschluss wieder öffnen. Das Reißverschlussband mit dem Reißverschlussfüßchen an die Jacke nähen. Dann das Reißverschlussband umlegen und wieder von der rechten Stoffseite aus absteppen.

6 Mit der rechten Seite oben liegend, das Ende des Reißverschlussbändchens am Halsloch nach hinten umschlagen, sodass es später nicht mehr sichtbar ist. Die Kapuze im Nahtverlauf an das Halsloch annähen.

7 Das Einfassband an der Kapuze, falls gewünscht, wieder an die Jacke annähen, um die Nahtzugabe am Halsloch abzudecken.

Reißverschlüsse sind meist sehr **UNTERSCHIEDLICH** eingenäht. Wichtig ist es, sich zu **MERKEN**, wie der Reißverschluss eingenäht wurde. **SCHRITTFOTOS** vom Auftrennen können helfen!

ÄNDERN

JEANS KÜRZEN

WAS WIRD BENÖTIGT?

- Nähmaschine
- Nähgarn

VORHER

NACHHER

ANLEITUNG

1 Die Hose mit Schuhen anprobieren. Die gewünschte Länge am besten durch eine weitere Person abstecken oder markieren lassen.

1

2 Von der Markierung aus die exakte Breite des fertigen Saums nach oben abmessen und markieren.

2

3 Den Saum nach oben umschlagen. Die Steppnaht des fertigen Saums muss genau auf die Markierung treffen. An dieser Stelle Nadeln stecken oder mit einem Heftfaden und großen Stichen heften.

4 Das Hosenbein auf links drehen und mit der Nähmaschine ganz dicht neben dem fertigen Saum nähen.

5 Das überstehende Jeansmaterial auf 1 cm zurückschneiden.

6 Die zurückgeschnittene Kante versäubern und den Saum bügeln.

OBERTEIL ERWEITERN – ZWEI T-SHIRTS WERDEN EINS

WAS WIRD BENÖTIGT?

- Nähmaschine
- Nähgarn

VORHER

NACHHER

ANLEITUNG

1 Das Halsbündchen des Basisshirts abtrennen und den Saum auftrennen. Das T-Shirt vorn mittig bis 2 cm vor dem Halsausschnitt aufschneiden. Das T-Shirt anprobieren und messen, um wie viele Zentimeter sich das Shirt im vorderen Bereich öffnet. Diese Maße separat notieren. Das Shirt auf einem großen Tisch oder auf dem Boden so legen, dass sich das Shirt vorn genau so öffnet wie zuvor gemessen. Das zweite T-Shirt an den Seitennähten, am Ärmel und an der Schulter auseinanderschneiden, sodass das Vorderteil separiert ist. Den Saum auftrennen. Jetzt wird das zweite T-Shirt auf das Basisshirt gesteckt und die gewünschte Form angezeichnet. Im gezeigten Beispiel ist es ein schräger Einsatz – es kann aber genauso gut ein gerader Einsatz sein. Den Einsatz des Shirts auf dem Basisshirt mit Nadeln feststecken. Achtung: Die gelegte Öffnung des Basisshirts darf nicht verrutschen. Das Shirt auf links drehen und den nun sichtbaren Überstand des Basisshirts mit 1 cm Nahtzugabe verschneiden.

2 Die Teilungsnähte rechts auf rechts aufeinanderlegen und mit der Overlockmaschine zusammennähen.

3 Den neuen Saum des Shirts mit der Overlockmaschine versäubern, umbügeln und absteppen.

4 Aus dem Rückteil des zweiten Shirts werden nun die neuen Halsbündchen geschnitten. Dafür werden das vordere und hintere Halsloch gemessen. Von diesem Maß werden 15 % abgezogen, damit das Bündchen später gedehnt auf das Halsloch genäht werden kann. Die Breite des Halsbündchens kann frei gewählt werden. Allerdings sollte es nicht zu breit ausfallen, sonst könnte das Bündchen abstehen und nicht optimal am Hals anliegen. Im gezeigten Beispiel ist das Halsbündchen 3,5 cm breit geschnitten. Das geschnittene Halsbündchen auf die Hälfte vorbügeln.

5 Das Halsbündchen an den kurzen Kanten rechts auf rechts zusammennähen und zur Hälfte falten. Jeweils die vordere und hintere Mitte markieren.

6 Das Halsbündchen mit der Overlockmaschine rechts auf rechts an das Halsloch annähen. Dabei die Markierungen auf die vordere und hintere Mitte treffen lassen. Das Bündchen beim Annähen gleichmäßig dehnen.

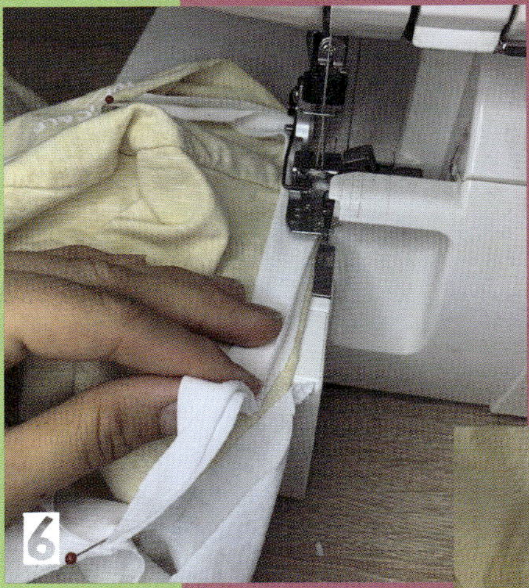

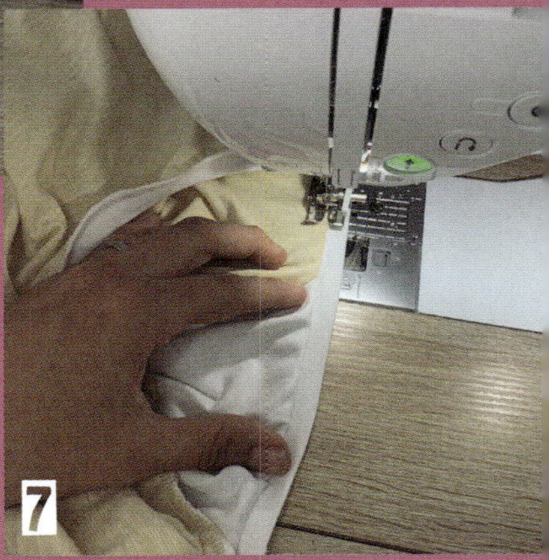

7 Das Halsbündchen von rechts absteppen, dann liegt die Nahtzugabe schön flach.

JEANS ERWEITERN

WAS WIRD BENÖTIGT?

- Nähmaschine
- Nähgarn
- Strickbund
- Schnittpapier (alternativ Butterbrotpapier)

ANLEITUNG

1 Die Hose flach auf den Tisch legen. Das Schnittpapier auf den Tascheneingriff legen und mit dem Bleistift die Kontur des Tascheneingriffs inklusive Bundkante nachzeichnen.

2 Das Schnittpapier von der Hose herunternehmen und die obere Bundkante möglichst gerade zeichnen, da diese Kante später im Bruch zugeschnitten wird. Rechts und links 1 cm Nahtzugabe, im unteren Bereich 2 cm Nahtzugabe anzeichnen. Dieses Schnittteil wird später für den Strickbund gebraucht.

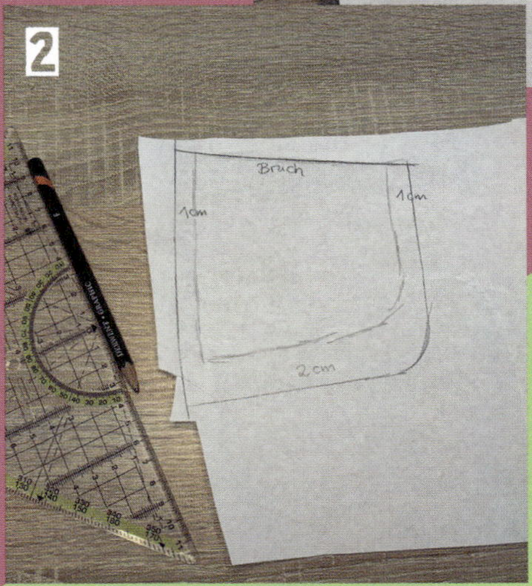

3 Den vorderen Taschenbeutel auftrennen. Den Bund rechts und links ca. 1cm neben dem Tascheneingriff einschneiden. Auf der linken Hosenseite den Taschenbeutel rundherum auftrennen oder abschneiden, je nach Hosenmodell.

4 Den Strickbund mithilfe des vorbereiteten Schnittteils im Bruch und paarig zuschneiden.

5 Den Strickbund an den offenen Kanten mit großen Stichen zusammennähen.

6 **Den Bund ca. 3 cm abtrennen.**

7 **Den Strickbund rechts auf rechts an das oben liegende Bundstück der Vorderhose annähen. In der gleichen Weise das oben liegende Bundstück der Hinterhose annähen.**

8 **Den Strickbund flach unter die Hose legen. Das innenliegende Bundstück unter den Strickbund legen und beim Nähen mitfassen. Den Strickbund knappkantig vom Bund über den Tascheneingriff bis zur Seitennaht und wieder hoch zum Bund untersteppen. Beim Steppen auf vorhandene Nieten und dicke Stellen achten. Hier möglichst langsam nähen oder das Handrad der Nähmaschine verwenden.**

9 **Den zuvor 3 cm breit aufgetrennten Bund wieder annähen.**

ELEGANTES KLEID ÄNDERN

VORHER

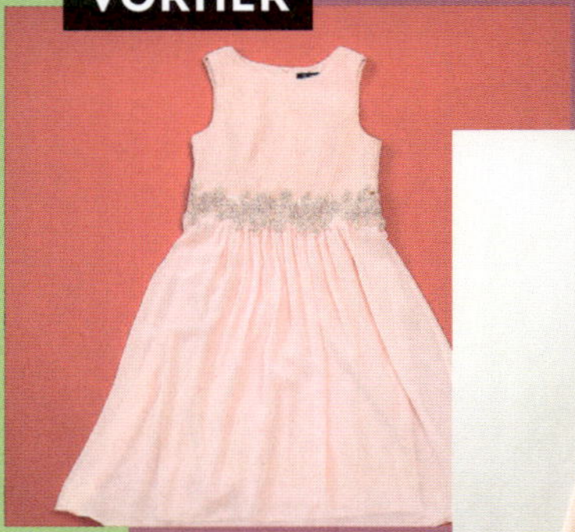

NACHHER

WAS WIRD BENÖTIGT?

- Nähmaschine
- Nähgarn

ANLEITUNG

1 Das Kleid anprobieren und an den Seitennähten abstecken. Die Stickerei abtrennen. Das Oberteil vom Rockteil abtrennen.

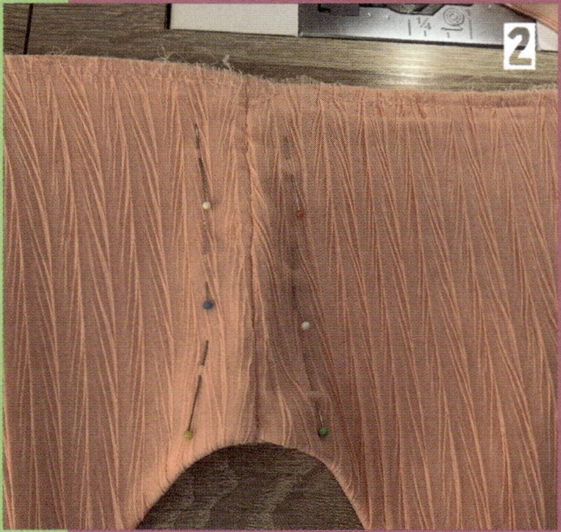

2 Die abgesteckte Weite am Oberteil auf Vorder- und Rückteil übertragen.

3 Die Seitennaht des Außen- und des Innenstoffes auseinandertrennen. Am Armloch ca. 5 cm rechts und links der Seitennaht Außen- und Innenstoff voneinander trennen.

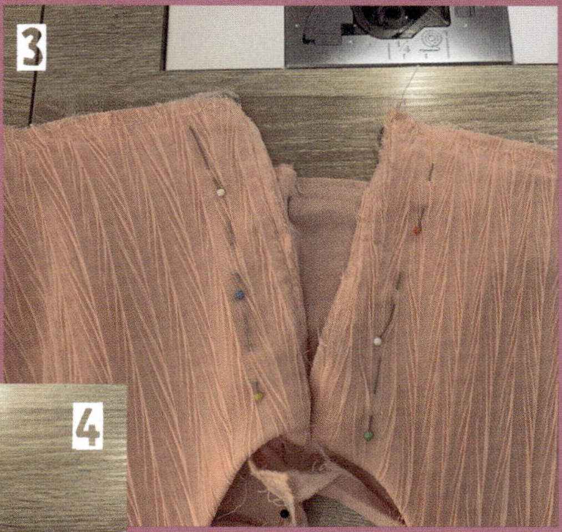

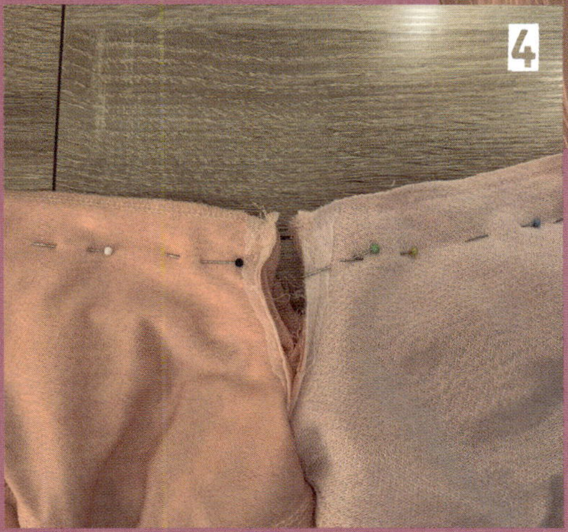

4 Die Seitennähte des Außenstoffes aufeinanderstecken und zusammennähen. Den gleichen Arbeitsschritt mit den Innenteilen wiederholen.

5 Das Außen- und das Innenteil am Armloch rechts auf rechts stecken und wieder zusammennähen.

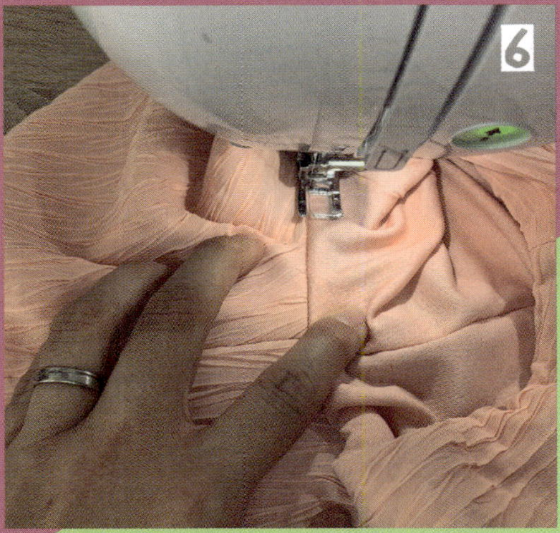

6 Das Innenteil zur Seite legen und auf der rechten Stoffseite auf der Nahtzugabe absteppen. Dadurch dreht sich das Innenteil nicht nach außen.

7 Die Seitennähte des Taillenbundes und ein Stück des Rockteils auseinandertrennen.

8 Die abgesteckte Weite übertragen, die Seitennähte rechts auf rechts zusammennähen und auseinanderbügeln. Den Rockteil leicht gekräuselt wieder an den Taillenbund annähen.

9 Den Rock rechts auf rechts an das Oberteil stecken.

10 Den Rock rundherum wieder an das Oberteil annähen.

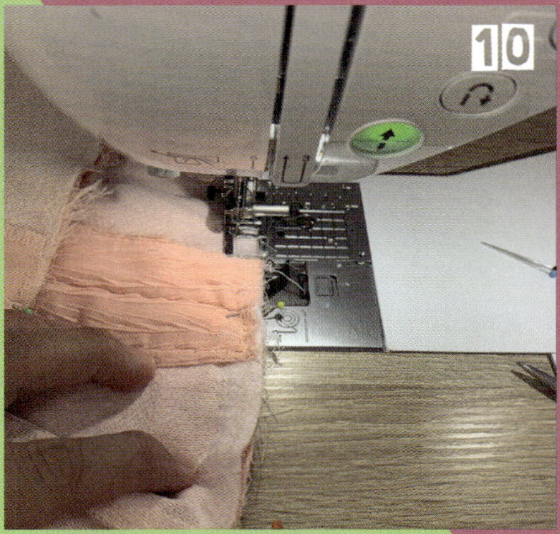

11 Das restliche Stück des Reißverschlusses annähen.

12 Auf der zweiten Seite des Reißverschlussbandes eine Markierung für die Taillennaht setzen, damit die Nähte beim Schließen des Kleides wieder genau aufeinandertreffen.

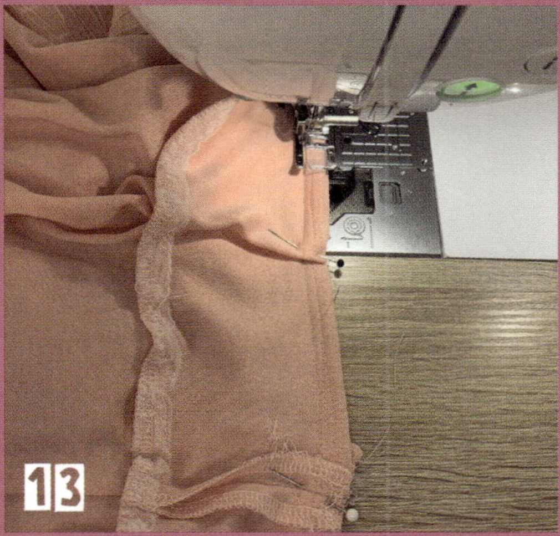

13 Das Futter wieder an den Rockbund annähen.

14 Das Futter an den Reißverschluss nähen.

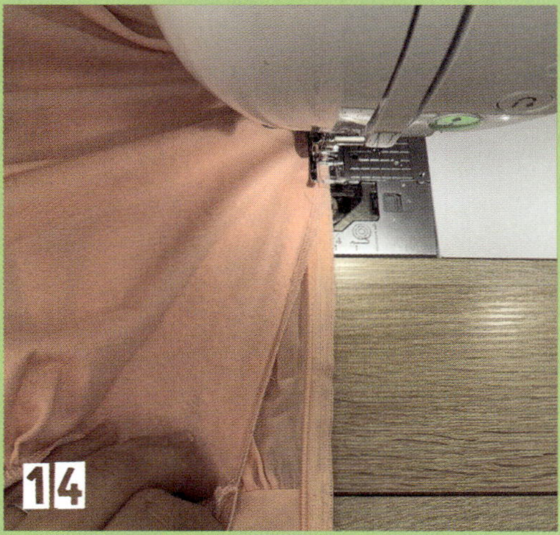

SWEATSHIRTKLEID KÜRZEN

VORHER

NACHHER

WAS WIRD BENÖTIGT?

- Nähmaschine
- Nähgarn

ANLEITUNG

1 Das Sweatshirtkleid anprobieren und markieren, an welcher Stelle es gekürzt werden soll. Achtung: Die Breite des Bündchens muss dazugerechnet werden. Das Kleid an der markierten Stelle plus 1cm Nahtzugabe abschneiden. Das Bündchen knapp neben der Naht abschneiden. Falls die ursprüngliche Bundbreite erhalten bleiben soll, muss der Bund vom Oberteil abgetrennt werden.

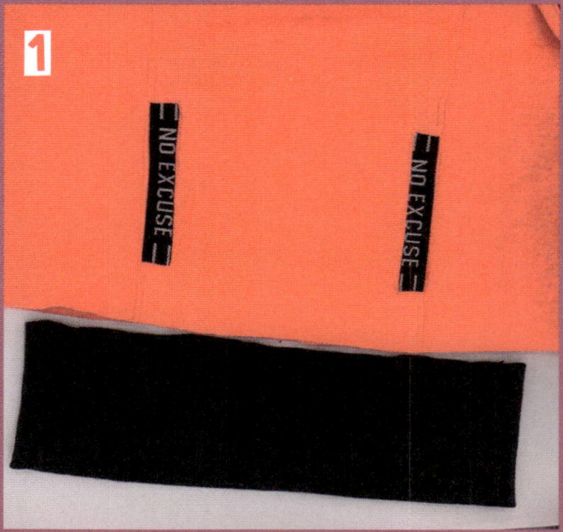

2 Am Sweatshirtkleid jeweils die vordere und hintere Mitte markieren. Am Bündchen 4 gleich große Abschnitte markieren. Das Bündchen auf die markierten Stellen am Kleid stecken.

3 Das Bündchen mit der Overlockmaschine rechts auf rechts an das Sweatshirtkleid nähen.

T-SHIRT VERLÄNGERN

WAS WIRD BENÖTIGT?

- Nähmaschine
- Nähgarn

VORHER

NACHHER

ANLEITUNG

1 Das Halsbündchen vom hellen T-Shirt abtrennen. Den Bruch des Bündchens um 5 mm versetzt bügeln.

2 Das Halsbündchen an der offenen Kante mit der Overlockmaschine zusammennähen.

3 Den Saum und die Ärmelsäume des hellen T-Shirts mit einer Breite von 5 cm abschneiden.

4 Die Oberkante der Saumteile mit der Overlockmaschine versäubern.

5 Die abgeschnittene Saumkante des hellen T-Shirts unter das dunkle T-Shirt legen und in der Saumnaht annähen. Den abgeschnittenen Ärmelsaum des hellen T-Shirts unter den Ärmelsaum des dunklen T-Shirts legen und auch hier in der Saumnaht annähen.

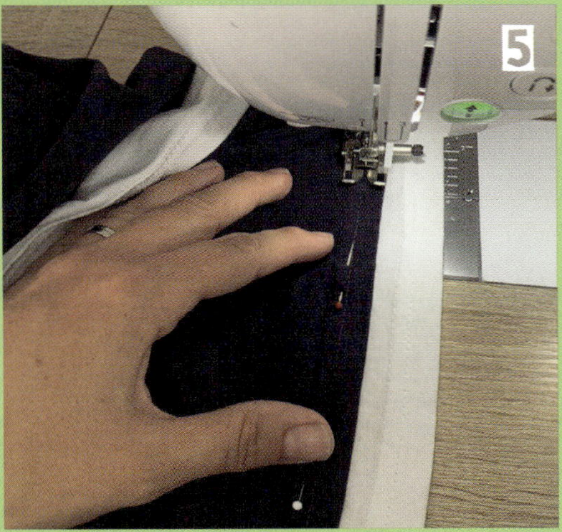

6 Das vorbereitete Halsbündchen unter den Halsausschnitt des dunklen T-Shirts legen und knappkantig absteppen.

ROCKBUND ERWEITERN

WAS WIRD BENÖTIGT?

- Nähmaschine
- Nähgarn
- Strickbund

VORHER

NACHHER

ANLEITUNG

1 Den Bund vom Rock abtrennen und beiseitelegen. Die Weite des Strickbundes direkt am Körper abmessen und am Strickbund markieren. Zur Markierung 2 cm Nahtzugabe dazugeben. Die gewünschte Strickbundbreite mal 2 nehmen und 2 cm Nahtzugabe dazurechnen. Strickbund zuschneiden.

2 Den Strickbund an der kurzen Seite rechts auf rechts aufeinanderlegen und zusammennähen.

3 Den Strickbund auf die Hälfte bügeln und in 4 gleich große Abschnitte aufteilen.

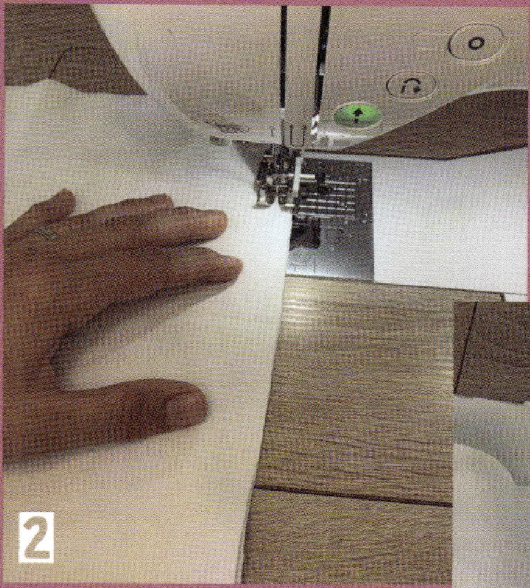

4 Die 4 Markierungen des Strickbundes rechts auf rechts auf die Seitennähte und jeweils die Mitte von Vorder- und Hinterrock stecken.

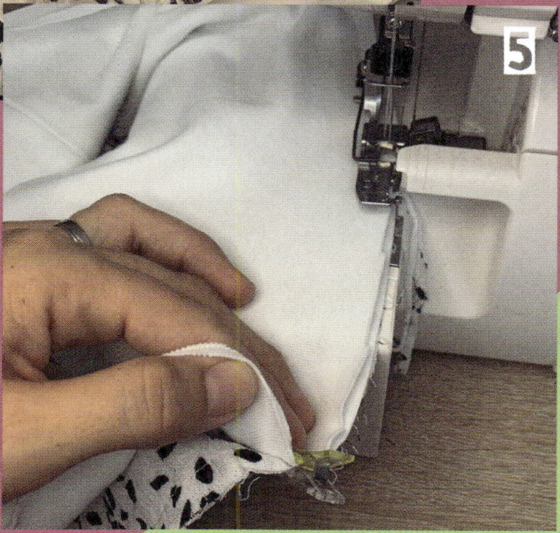

5 Den Strickbund mit der Overlockmaschine an den Rock nähen.

BUND VERKLEINERN

VORHER

NACHHER

WAS WIRD BENÖTIGT?

- Nähmaschine
- Nähgarn
- Knopflochgummi
- 2 Knöpfe

ANLEITUNG

1 Am Innenbund auf Höhe der Seitennähte jeweils eine Markierung setzen. Die Breite des Knopflochgummis übertragen.

2 Den Innenbund an der Markierung einschneiden. Dabei nur durch den Innenbund schneiden!

3 Das Knopflochgummi mithilfe einer Sicherheitsnadel durch den Bund ziehen.

4 Das Ende des Knopflochgummis einschlagen und in einem Abstand von 3 cm zum Einschnitt auf den Innenbund aufsteppen. Das Gummiband glatt im Bund liegen lassen und den Arbeitsschritt auf der anderen Seite wiederholen.

5 Zwischen Einschnitt und aufgesteppten Gummiband je einen Knopf annähen.

ALTE KLEIDUNG NEU ERFINDEN

T-SHIRT MIT NEUEM EINSATZ

WAS WIRD BENÖTIGT?

- Nähmaschine
- Nähgarn
- Spitze (Band- oder Meterware)

VORHER

NACHHER

ANLEITUNG

1 Die alte Spitze des T-Shirts abtrennen. In unserem Beispiel wurde zusätzlich ein Teil der Schulternaht aufgetrennt. Die Bandware auf dem Rückteil positionieren und feststecken.

2 Die Spitze mit der Nähmaschine in der vorhandenen Ausschnittnaht festnähen. Die zweite Seite der Spitze auf dem Rückteil positionieren und wieder feststecken. Den zweiten Teil der Spitze ebenfalls in der vorhandenen Ausschnittnaht festnähen.

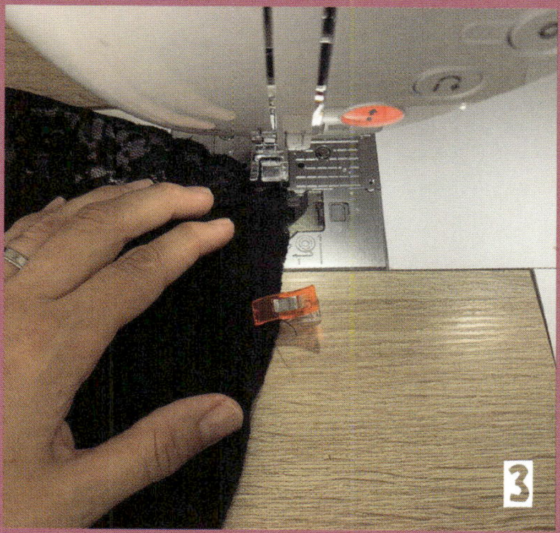

3 Die Schulternaht wieder schließen.

VOM ALTEN HEMD ZUR STYLISHEN UNTERZIEHBLUSE

VORHER

NACHHER

WAS WIRD BENÖTIGT?

- Nähmaschine
- Nähgarn
- Gummiband

ANLEITUNG

1 Zunächst ein Oberteil oder Pulli anziehen. Nun am Körper von der Taille nach unten messen, um zu bestimmen, wie weit die Unterziehbluse aus dem Oberteil herausschauen soll. Das Maß auf das Hemd übertragen. Gemessen wird von der Saumkante des Hemdes nach oben zur Taille. Die Breite des Gummibands plus zusätzlich 1 cm Nahtzugabe an der Taille anzeichnen. Das Hemd an dieser Stelle abschneiden.

2 Die abgeschnittene Taillenkante versäubern.

3 Die Breite des Gummibands plus 1 cm Nahtzugabe von der Taillenkante aus umbügeln.

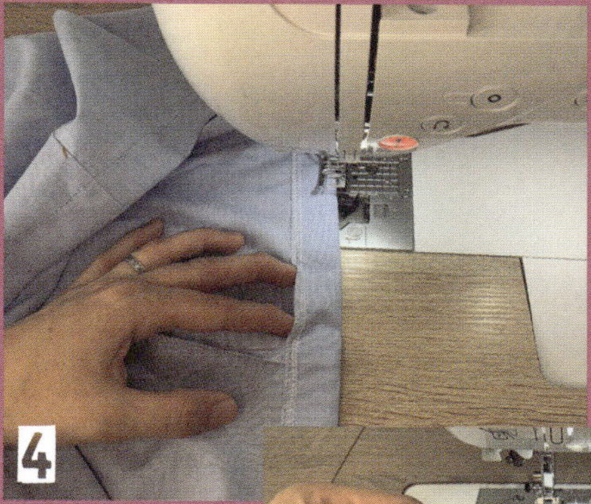

4 Die Taillenkante umnähen, dabei ca. 3 cm an der Seitennaht offen lassen.

5 Die benötigte Gummibandlänge anhand der eigenen Körpermaße bestimmen. Das Gummiband dabei leicht auf Zug halten, damit es später gut in der Taille sitzt. Zur Gummibandlänge 5 cm Nahtzugabe dazurechnen – durch die größere Nahtzugabe kann das Gummiband zu einem späteren Zeitpunkt noch erweitert werden. Das Gummiband auf dieses Maß zuschneiden und mithilfe einer Sicherheitsnadel in den Tunnelzug einfädeln.

6 Die Enden des Gummibands überlappend zusammennähen.

7 Die kleine Öffnung an der Seitennaht zunähen.

8 Das Gummiband gleichmäßig im Tunnel verteilen. Damit sich das Gummiband beim Tragen und Waschen nicht verdreht, das Band an den Seitennähten mit einer kurzen Steppnaht fixieren.

JEANS UND KLEID FEIERN IHR COMEBACK ALS ROCK

VORHER

NACHHER

WAS WIRD BENÖTIGT?

- Nähmaschine
- Nähgarn

ANLEITUNG

1 Die Jeans anziehen und die gewünschte Länge des oberen Rockteils markieren. Die Hose an dieser Markierung im gleichen Abstand zum Bund abschneiden. Dabei darauf achten, nicht versehentlich die Taschen auf der Rückseite abzuschneiden.

2 Das Kleid glatt auf den Boden legen. Das abgeschnittene Hosenteil so auf dem Kleid platzieren, dass die Breite exakt der des Kleides entspricht. Diese Stelle markieren, dann 2 cm darüber eine weitere Markierung anzeichnen. Das Kleid an der Markierung auseinanderschneiden und den Rockteil weiterverarbeiten.

3 Den abgeschnittenen Rockteil rechts auf rechts auf das Hosenteil legen und mit der Overlockmaschine annähen.

EIN VOLANTKLEID ERFINDET SICH NEU

WAS WIRD BENÖTIGT?

- Nähmaschine
- Nähgarn
- Gummiband (bei Bedarf)
- Fertiges Einfassband in gewünschter Farbe

VORHER

NACHHER

ANLEITUNG

1 Das Oberteil vom Rock abtrennen. Das Oberteil auftrennen, sodass die Rüschen entfernt werden können. Übrig bleibt das Oberteil aus dem Außenstoff und das Oberteil aus Futter sowie der Rock. Die Rüschen am Rock ebenfalls abtrennen.

2 Das Oberteil aus dem Außenstoff und das Oberteil aus Futter mit der Overlockmaschine an Halsloch, Armloch und Taille zusammennähen.

3 Den Rock aus Außenstoff und das Futter an der Taille mit der Overlockmaschine zusammennähen.

4 Das abgetrennte Gummiband unter Spannung wieder an die Taillennaht des Rockes annähen. Ist das Gummiband kaputt oder ausgeleiert, kann es durch ein neues Band ersetzt werden. Dafür das Maß übertragen, das Gummiband zum Ring schließen und gleichermaßen annähen.

5 Das Oberteil rechts auf rechts an den Rock annähen.

6 Das Armloch mit dem vorgefalzten Schrägstreifen einfassen. Falls du Schrägstreifen aus Originalstoff arbeiten möchtest, kannst du aus den abgetrennten Volants Schrägstreifen schneiden und vorbereiten.

7 Das Halsloch mit dem vorgefalzten Schrägstreifen einfassen. An der Spitze den Oberstoff gerade legen und einfassen.

8–9 Die entstandene Ecke von der linken Stoffseite abnähen.

10 Den Saum nach eigenem Ermessen kürzen, versäubern und absteppen.

EIN AUSGEDIENTES HEMD MACHT KARRIERE ALS SOMMERBLUSE

WAS WIRD BENÖTIGT?

- Nähmaschine
- Nähgarn
- Wonder Tape (doppelseitiges Klebeband zum Nähen, z. B. von Prym)

VORHER

NACHHER

ANLEITUNG

1–2 Das Hemd auseinanderschneiden. Ärmel und Kragen abschneiden. Vorder- und Rückteil an der Seitennaht auseinanderschneiden. Die Tasche abtrennen und beiseitelegen. Mithilfe einer Bluse oder eines Tops (aus nicht dehnbarem Stoff) die Konturen plus Nahtzugabe auf das Hemd übertragen und zuschneiden.

3 Aus dem Ärmel Schrägstreifen herstellen. Dafür mit einem Geodreieck Schrägstreifen im 45°-Winkel anzeichnen. Mehrere Linien übereinander zeichnen. Die Enden im 45°-Winkel abschrägen. Die angezeichneten Schrägstreifen zuschneiden.

4 Die Schrägstreifen miteinander verbinden. Dafür die schrägen Streifenenden rechts auf rechts legen und zusammennähen. Die Naht auseinanderbügeln. Die vorbereiteten Schrägstreifen auf die Hälfte bügeln. Anschließend wieder aufklappen und zuerst eine Seite nochmals zur Mitte umbügeln. Dann die zweite Seite zur Mitte bügeln. Abschließend nochmals auf die Hälfte bügeln.

5 Die Schulternähte rechts auf rechts mit der Overlockmaschine zusammennähen.

6 Die Seitennähte rechts auf rechts mit der Overlockmaschine zusammennähen.

7 Den Schrägstreifen offen rechts auf rechts an das Armloch legen und auf Höhe der Seitennaht mit dem Annähen beginnen. In der ersten Bruchkante des Schrägstreifens nähen.

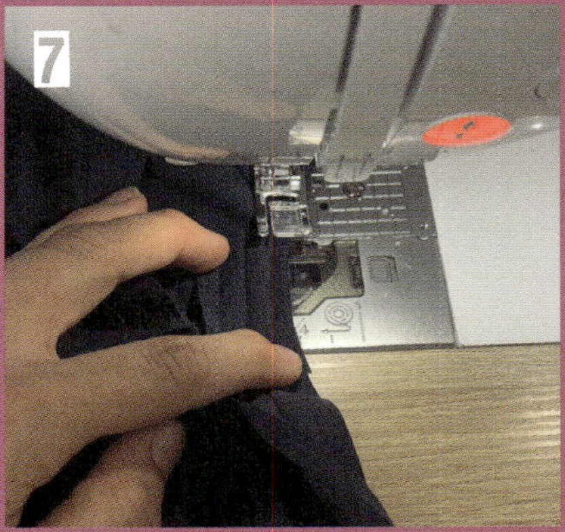

8 Den Schrägstreifen rundherum annähen. Die Enden des Schrägstreifens überlappend annähen, dabei den unten liegenden Schrägstreifen 1cm umschlagen.

9 Den Schrägstreifen um die Nahtzugabe herumlegen und auf der rechten Seite feststecken.

10 Den Schrägstreifen von rechts absteppen. Dabei darauf achten, dass die Unterseite immer mitgefasst wird.

11 Den Schrägstreifen an das Halsloch annähen. An der vorderen Kante mit 1 cm Nahtzugabe überstehend beginnen.

12 Mithilfe des Wonder Tapes die Nahtzugabe am rechten und linken Vorderteil schrittweise umlegen und festkleben. Den Schrägstreifen am Halsausschnitt von rechts absteppen. Auch hier darauf achten, dass die Unterseite immer mitgefasst wird.

13 Mit dieser Methode wird beim Absteppen ein sauberer Abschluss im vorderen sichtbaren Halslochbereich erzielt.

14 Die Tasche neu positionieren und feststecken, dann möglichst in der gleichen Naht wie zuvor aufsteppen.

REGISTER

IMPRESSUM

FOTOS: Franziska Fulvio [S. 92-115, 116-121 (Schrittfotos), 124-125 (Schrittfotos, nachher), 126-131 (Schrittfotos, vorher), 132-137 (Schrittfotos), 183-139 (Schrittfotos, vorher), 140-143, 146-149 (Schrittfotos), 150-151 (Schrittfotos, vorher), 152-157 (Schrittfotos)]; Martin Mai (S. 15); www.soul-wool.com (S. 23); Adobe Stock: HalynaRom (S. 18), jirsak (S. 19), krstrbrt (S. 22 oben), M. Schuppich (S. 68), uwimages (S. 88)0; iSTock: ronstik (S. 4), Vershinin (S. 12), Ganna Zelinska (S. 43 Mitte), July Ko (S. 57), serkann007 (S. 58), Tatiana Gasich (S. 61), fotografiche (S. 62), Liudmila Chernetska (S. 66 unten); Shutterstock: Bayazid Akter (S. 8), Lucian Coman (S. 11), nataliajakubcova (S. 16), Martin de Jong (S. 20), Ivchenko Evgeniya (S. 39), Krakenimages.com (S. 56), Ondra Vacek (S. 60), Ira Shpiller (S. 73 oben); freepik.com: Freepik (S. 16, 25, 81, 82, 84, 85, 86), halayalex (S. 9), cellotandem (S. 22 unten), nakaridore (S. 31), lookstudio (S. 32), wirestock (S. 42), Esin Deniz (S. 43 oben), rawpixel.com (S. 48), myjuly (S. 50), user3969442 (S. 54), azerbaijan_stockers (S. 58), illiabondar (S. 66 oben), goffkein (S. 67), kostikova (S. 71), yrabota (S. 73 unten), mrsiraphol (S. 74); lichtpunkt, Michael Ruder, Stuttgart (alle übrigen)
TEXTE: Franziska Fulvio (S. 92-157), Sabine Haag (S. 72, 77 unten, 78-79), Susanne Pypke (S. 26-29, 63, 87), Britta John (alle übrigen)
PRODUKTMANAGEMENT: Katrin Akyol
LEKTORAT: Britta John, Königs Wusterhausen
COVERGESTALTUNG: Eva Hook
HERSTELLUNG UND LAYOUTENTWURF: Katrin Röhlig
SATZ: Bernadett Linseisen (schere.style.papier), München
DRUCK UND BINDUNG: Finidr s.r.o., Tschechische Republik

DOWNLOAD-CODE: 55388

1. Auflage 2023

ISBN 978-3-7358-7077-3 • Best.-Nr. 27077

MIX
Aus verantwortungsvollen Quellen
FSC® C014138

Penguin Random House Verlagsgruppe
FSC® N001967

SERVICE-HOTLINE

Hast du Fragen oder gibt es ein Problem? Wir helfen dir gern. Ruf uns an oder schreib uns eine E-Mail:

Telefon: 0711 / 123 757 20*
E-Mail: hilfe@frechverlag.de

*normale Telefongebühren

Weitere Informationen zum Verlag und zu unserem gesamten Programm findest du unter: www.topp-kreativ.de